Orientación laboral
y emprendimiento

Orientación laboral
y emprendimiento

Mercedes Fernández Correas
Silvia López García
Sara Jiménez Jiménez

Paraninfo | ESPECIALIDADES FORMATIVAS

Paraninfo

© Autoras: Mercedes Fernández Correas
Sara Jiménez Jiménez
Silvia López García

© Ediciones Paraninfo, SA, 2025
1.ª edición, 2025

C/ Sierra de Guadarrama 35. Naves 2, 3, 4 y 5
Pol. Ind. San Fernando II,
28830 San Fernando de Henares
Teléfono: 914 463 350
clientes@paraninfo.es / www.paraninfo.es

Producción: Nacho Cabal Ramos
Diseño y maquetación: Eva Zuazua

ISBN: 978-84-283-6844-5
Depósito legal: M-2800-2025
(30.637)

Impreso en España
Liberdigital (Casarrubuelos, Madrid)

La editorial recomienda que el alumnado realice las actividades sobre el cuaderno y no sobre el libro.

Paraninfo

Este manual desarrolla la especialidad formativa denominada Orientación laboral y emprendimiento. Con código SSCE110PO.

El objetivo general es orientar en las técnicas para emprender una empresa, con el fin de servir de apoyo a la inserción laboral.

El libro responde fielmente al desarrollo curricular establecido en los 4 módulos formativos que integran el programa formativo:

Módulo 1: Información laboral
Módulo 2: Orientación laboral
Módulo 3: Desarrollo de emprendedores y autoempleo: Desarrollo de emprendedores
Módulo 4: La cultura empresarial

El cómputo total de horas formativas es de 70.

Las unidades del libro se acompañan de multitud de **recursos didácticos** que ayudarán a quienes se estén formando como personal técnico a comprender la materia y acercarlo a su inminente realidad laboral:

- Desarrollo del currículo oficial.
- Lenguaje claro y sencillo que favorece la comprensión.
- Explicaciones exhaustivas y rigurosas, pero también amenas y asequibles.
- Gran cantidad de fotografías y/o tablas explicativas.
- Recuadros con información complementaria.
- Argot técnico con los términos más relevantes para facilitar su consulta.
- Actividades finales de comprobación de tipo test y actividades de aplicación en todas las unidades.

Este libro cuenta con el **solucionario** de las actividades incluidas en el libro al que puede accederse previo registro, desde la ficha web de este libro en www.paraninfo.es.

Solucionario disponible en
www.paraninfo.es

© Ediciones Paraninfo

Contenido

Introducción

La orientación laboral es una herramienta fundamental para quienes buscan abrirse camino en el competitivo mundo del empleo.

Ya sea que estemos dando nuestros primeros pasos en el mercado laboral o buscando un cambio de rumbo en nuestra carrera profesional, conocer las diferentes características del mercado laboral en el que nos movemos y la forma en la que realizar nuestra propia orientación laboral puede marcar una gran diferencia en nuestro éxito profesional.

En este manual, exploraremos cómo puedes utilizar estas herramientas para acceder en las mejores condiciones posibles al mercado laboral y alcanzar el objetivo que te plantees desde el punto de vista laboral.

Comprender nuestras fortalezas, identificar nuestras áreas de mejora y definir claramente nuestros objetivos profesionales son solo algunas de las tareas que abarca la orientación laboral. Pero no se trata solo de encontrar cualquier trabajo, sino de encontrar el trabajo adecuado para cada uno/a de nosotros/as; uno que nos permita crecer y desarrollarnos en nuestra carrera profesional.

El objetivo principal con este contenido es proporcionar las herramientas y conocimientos necesarios para que podamos enfrentarnos con confianza al mercado laboral actual.

Recuerda, el camino hacia el empleo ideal o el emprendimiento exitoso puede estar lleno de desafíos, pero, con la orientación adecuada, cada paso te llevará más cerca de alcanzar tus sueños profesionales. ¡Adelante!

Persona en búsqueda de empleo.

Información laboral

En el ámbito de la orientación laboral y el emprendimiento, contar con un conocimiento sólido sobre la información laboral es esencial para comprender y navegar con éxito en el mundo profesional. Este tema aborda aspectos clave como la estructura y organización del mercado laboral, los distintos tipos de contratos de trabajo y sus características, así como el marco legal establecido en el Estatuto de los Trabajadores. También se explora el papel de los agentes sociales en el equilibrio del mercado laboral y los conceptos fundamentales de la Seguridad Social, que garantizan derechos y prestaciones a los trabajadores. Estos contenidos ofrecen una base para entender las dinámicas laborales y tomar decisiones informadas en el desarrollo profesional.

¿Alguna vez te has parado a pensar en lo importante que es entender el mundo laboral?

Todas las personas, en algún momento de nuestras vidas, tenemos que enfrentarnos a la búsqueda de un empleo. Es una de esas cosas que, tarde o temprano, nos toca hacer. Y aunque pueda parecer abrumador al principio, la verdad es que contar con la información adecuada puede hacer que todo el proceso sea mucho más manejable.

Imagínate esto: estás charlando con un/a amigo/a, y le preguntas cómo va su búsqueda de empleo. Te dice que está un poco perdido/a, que no sabe por dónde empezar. Ahí es cuando nos damos cuenta de lo esencial que es tener una guía, algo que nos diga cuáles son los primeros pasos que debemos dar. Porque, seamos sinceros/as, nadie nace sabiendo cómo hacer un currículum o cómo prepararse para una entrevista.

Tener información laboral básica y saber los pasos mínimos para empezar puede transformar una búsqueda de empleo desalentadora en un proceso más claro y menos estresante, nos ayudará a llegar al final de cada día en ese proceso de búsqueda más preparados/as, más motivados/as y con la capacidad de entender que, aunque buscar trabajo puede ser un reto en algunas ocasiones, con las herramientas adecuadas, es una situación que todas las personas podemos superar.

Figura 1.1. Mercado laboral.

1.1. El mercado laboral: estructura y organización del mercado de trabajo

¿Qué entendemos por mercado laboral?

El mercado laboral es aquel donde confluyen la oferta y la demanda de trabajo. La **oferta de trabajo** está formada por el conjunto de personas trabajadoras que están dispuestas a trabajar, y la demanda de **trabajo** está formada por el conjunto de empresas o empleadores/as que contratan a esas personas trabajadoras.

Por lo tanto, podemos dar una sencilla definición de este primer punto...

> El mercado de trabajo se define como el lugar donde los/as demandantes de empleo y los/as oferentes de empleo coinciden y llegan a un acuerdo para cubrir las necesidades de ambos.

En principio, parece sencillo de entender y de poner en marcha. Pero, de forma generalizada, se producen desajustes en nuestro mercado de trabajo. El desajuste más habitual es el de que haya más personas demandando empleo que ofertas por parte de las empresas o entidades públicas que participen en el mercado laboral de nuestro país.

En el mercado laboral, coexisten la oferta, la demanda y los intermediarios que participan en él. Pero hay que tener en cuenta que, la mayoría de las veces, la cantidad de puestos de trabajo ofertados depende de los beneficios que las empresas esperan conseguir con la contratación de personal. La contratación de personal supone una serie de costes para las empresas, por lo tanto, si ese coste va a ser superior a los beneficios que se van a obtener, es muy probable que la oferta de empleo en número de puestos sea más bien pequeño.

Figura 1.2. Diversidad de sectores laborales.

Los intermediarios del mercado de trabajo son una serie de entidades como los servicios de empleo, las agencias de colocación, empresas, instituciones u organismos de empleo, cuyo objetivo es facilitar la conexión entre demandantes y oferentes.

La idea es que ese encuentro se produzca de la forma más sencilla, rápida y efectiva posible, porque si la relación entre ellos se realiza en estas condiciones, afectará directa y positivamente en el funcionamiento del propio mercado de trabajo. Esto haría que esos desajustes no se mantuviesen en el tiempo de forma estancada, generando esos altísimos porcentajes de desempleo en diferentes momentos de nuestra historia.

En muchas ocasiones, esos encuentros entre demandantes y oferentes no se llegan a producir dentro del mercado laboral porque tanto unos como otros no participan directamente del mismo, o no «van» al mercado laboral en sí a buscar lo que necesitan, sino que realizan esa búsqueda de forma ajena a la propia dinámica del mercado, bien sea por fuera del mismo, de manera fraudulenta, o utilizando canales propios y personales que no van por los mismos cauces por los que se trabaja dentro del mercado laboral.

Veamos cuáles son los **desequilibrios** más habituales con los que podemos encontrarnos dentro del mercado de trabajo:

■ Desequilibrio por exceso de oferta: este desequilibrio se basa en que las empresas no encuentran suficientes personas trabajadoras para cubrir los puestos de trabajo que se ofrecen en el mercado laboral.

■ Desequilibrio por exceso de demanda: este desequilibrio es quizás más conocido porque suele ser la tendencia habitual. En este caso, la oferta de puestos de trabajo es insuficiente para cubrir la demanda existente. Aquí es cuando surge el índice de desempleo de la población.

Pero, aunque pueda resultarnos raro, puede darse la circunstancia de que haya al mismo tiempo una situación de exceso de oferta y exceso de demanda.

¿Cómo?

Surge porque el mercado laboral no cubre un único sector productivo, sino que abarca todos los sectores productivos de un país. Por lo tanto, podemos tener al mismo tiempo un exceso de oferta en un sector y un exceso de demanda en otro. Es otro tipo de desequilibrio.

¿Qué son los sectores del mercado laboral?

Un sector se define como una categorización de actividades similares, organizadas según el mercado al que pertenecen. De manera general, podemos identificar dos amplias categorías de mercado: el económico y el laboral.

El primero se refiere al rendimiento neto de una empresa, mientras que el segundo se centra en las oportunidades de empleo disponibles. Por lo tanto, los sectores del mercado laboral engloban todas las subdivisiones que se pueden realizar para analizar, comparar y evaluar las oportunidades laborales existentes en las empresas. Esto proporciona una visión general de las vacantes disponibles, los salarios y los beneficios asociados.

Tenemos los tres sectores principales de nuestro mercado laboral y productivo, que son:

■ Sector **primario**. Este es el sector de la economía que se encarga de la extracción y producción de materias primas directamente de la naturaleza. Incluye actividades como la agricultura, la ganadería, la pesca, la minería y la explotación forestal. Este sector proporciona las materias primas necesarias para la producción en los sectores secundario y terciario de la economía.

- Sector **secundario** o industrial. Este es el sector de la economía que se encarga de la transformación de las materias primas obtenidas del sector primario en productos manufacturados. Incluye actividades como la industria manufacturera, la construcción y la producción de energía. Este sector agrega valor a las materias primas mediante procesos de fabricación y construcción.

Figura 1.3. Personas de distintos sectores productivos.

- Sector **terciario** o de servicios. Este es el sector de la economía que se centra en la prestación de servicios en lugar de la producción de bienes materiales. Incluye una amplia gama de actividades, como los servicios financieros, la educación, la salud, el turismo, la hostelería, el transporte y la comunicación, entre otros. Este sector juega un papel fundamental en la economía actual, ya que proporciona servicios esenciales para satisfacer las necesidades de la sociedad y facilitar el funcionamiento de otros sectores económicos.

El concepto de trabajo ha cambiado en la actualidad, pasando de un modelo de empleo estable y fijo a otro más dinámico y polivalente, en el que cualquier persona puede realizar distintos trabajos a lo largo de su carrera profesional. Ya no es tan habitual empezar siendo un/a becario/a en una empresa y terminar tu vida profesional y jubilarte en esa misma empresa, después de haber alcanzado un estatus profesional elevado.

Las vidas laborales de muchas personas en la actualidad están basadas en diferentes experiencias y tiempos trabajados en distintas empresas que pueden pertenecer al mismo sector productivo o no.

Las profundas transformaciones sociales que se han producido particularmente en España en los últimos cuarenta años tienen una notable repercusión en el sistema productivo actual.

Algunas de esas transformaciones han producido nuevas necesidades humanas, individuales o colectivas. Y en otros casos, es a través de la toma de conciencia de problemas generados por nuestras propias sociedades, como llegan a aparecer «necesidades» nuevas que plantean demandas sociales relevantes no solo desde un punto de vista político o económico, sino también laboral y socialmente hablando.

Figura 1.4. Transformación del trabajo digital.

Así es como nos encontramos con los **NYE**, los **nuevos yacimientos de empleo**, también denominados filones de ocupación, que enmarcan aquellas actividades laborales que satisfacen las nuevas necesidades sociales colectivas. En ellos podemos encontrar actividades muy variadas, pero que obligatoriamente deben tener en común cuatro **características** para ser consideradas como yacimiento de empleo:

1. Satisfacen necesidades sociales.

2. Se configuran en mercados donde hay carencias, es decir, existen sectores de trabajo que están incompletos.

3. Estos filones tienen una localización determinada desde el punto de vista geográfico.

4. Tienen un alto potencial en la creación de puestos de trabajo en esa zona.

Actualmente, **los yacimientos de empleo de nuestro país** son:

■ Los servicios que tienen que ver con el envejecimiento de la población.

■ Los servicios relacionados con la sostenibilidad y las energías renovables.

■ Las nuevas tecnologías de la información y la comunicación.

■ Los servicios de ocio.

Figura 1.5. Personas que forman parte de la sociedad.

El mercado de trabajo hoy en día se ha convertido en un espacio altamente competitivo donde, en ocasiones, no es suficiente con poseer conocimientos académicos o experiencia profesional, también es necesario que el/la candidato/a sepa venderse y que ofrezca una serie de características que hagan inclinar la balanza a su favor.

No siempre las personas más cualificadas obtienen un empleo. Lo consiguen las que, además de tener la cualificación requerida, se presentan de forma más convincente, ya sea personalmente o por escrito. La confianza y el autoconocimiento son la clave en este punto.

> Una de las definiciones de **empleabilidad** que podemos indicar se refiere al conjunto de talentos, habilidades y capacidades de una persona, que le permiten estar en condiciones para encontrar el trabajo apropiado.

En ese caso, el término *empleabilidad* incluye la capacidad de una persona para adaptarse a las necesidades básicas del mercado laboral o de una empresa en particular.

El concepto de empleabilidad también se asocia con aquellas habilidades que ayudan a una persona a desarrollarse y crecer en el ámbito laboral.

Por otro lado, la empleabilidad también está relacionada con la visión y las expectativas tanto de la persona que busca una oportunidad laboral como de la gerencia de la empresa.

Entonces… *¿cómo accedemos al mercado laboral? ¿Cómo accedemos a las ofertas de empleo del mercado?*

Tenemos que conocer que, en nuestro país, hay una gran variedad de oferentes de puestos de trabajo y que esta gran diversidad podemos agruparla en tres grandes tipos principales: las Administraciones públicas, las empresas privadas y el autoempleo.

Figura 1.6. Diferentes mujeres trabajadoras.

La oferta pública de empleo

Una de las posibilidades de acceder a un empleo, es la de buscar ofertas laborales en las Administraciones públicas. Habitualmente, el acceso a estos empleos se realiza a través de diferentes oposiciones o concursooposición.

En España, la Administración pública representa uno de los principales proveedores de puestos de trabajo. No obstante, es importante destacar que este sector no ofrece una oferta uniforme, ya que está compuesta por diversos organismos, cada uno con sus propias demandas de personal y oportunidades laborales.

En el caso de que nos planteemos esta manera de acceder a un puesto de trabajo, deberíamos tener en cuenta previamente algunos aspectos relevantes:

1. Antes de decidir preparar las pruebas de acceso a la Administración pública, es esencial considerar esta opción a medio o largo plazo, teniendo en cuenta factores como la dificultad de las pruebas, el número de plazas disponibles y la competencia de las personas solicitantes.

2. La preparación de las pruebas de acceso puede requerir un esfuerzo considerable, personal, mental, económica y temporalmente, por lo que es crucial tomar la decisión después de entender plenamente este compromiso.

3. Obtener una plaza en la Administración pública va más allá de simplemente aprobar los exámenes; se requiere obtener una puntuación alta para poder optar a las plazas que nos interesen.

4. Es recomendable que las personas demandantes de empleo no dediquen tiempo, dinero y energía a esta opción, si no están dispuestas a preparar las pruebas de manera exhaustiva.

5. Algunas plazas tienen pruebas de acceso similares, lo que ofrece la oportunidad de presentarse a exámenes para diferentes plazas, aumentando así las posibilidades de éxito.

Figura 1.7. Mercado de trabajo en internet.

La oferta privada de empleo

Otra opción para ingresar al mercado laboral son los/as empleadores/as privados/as, que incluyen tanto a empresarios/as individuales como a empresas constituidas legalmente, que contratan trabajadores/as para integrarlos/as dentro de su organización y bajo su supervisión directa.

Aquí, también podemos incluir a las comunidades de bienes que emplean a trabajadores/as en su servicio. Por lo tanto, podemos identificar como empleadores/as de esta oferta privada de empleo a cualquier persona, ya sea una persona física o jurídica, así como a las comunidades de bienes, que reciban servicios de:

- Personas trabajadoras que realicen labores remuneradas de manera voluntaria dentro del ámbito de dirección y organización del/la empleador/a.

- Personas contratadas por empresas de trabajo temporal legalmente establecidas con el propósito de ser asignados a otras empresas.

Para acceder a las ofertas generadas por las empresas privadas, ya no es necesario hacerlo a través del Instituto Nacional de Empleo, ya que desde la entrada en vigor de la Ley 10/1994, de 19 de mayo, sobre medidas urgentes de fomento de la ocupación, pueden contratar libremente a sus trabajadores/as. Las empresas son libres de realizar la búsqueda de sus propios trabajadores/as, lanzar ofertas de empleo a través de diferentes medios de comunicación, plataformas de empleo, sus propias páginas web, y también utilizando intermediarios y otros agentes, como los servicios públicos de empleo, las agencias de colocación, las empresas de trabajo temporal, las bolsas de trabajo y los consultores de selección de recursos humanos.

Figura 1.8. Encontrar trabajo a través de internet.

Pero al igual que al inicio de este tema, comentábamos que en el mercado de trabajo se encuentran los demandantes y los oferentes de empleo, y que ambos deben «encajar» para poder cubrir mutuamente sus necesidades, en el caso del trabajo para la empresa privada, es donde más podemos ver que esa situación se da mucho más real.

Es importante recordar que las empresas privadas tienen la libertad de seleccionar a los/as candidatos/as que consideren más adecuados/as para sus necesidades y cultura organizativa. Así que, aunque podamos cumplir con todos los requisitos del puesto y tener una excelente entrevista, es posible que la empresa decida no seleccionarnos.

Esto puede deberse a una variedad de factores, incluyendo la disponibilidad de otros/as candidatos/as, con habilidades o experiencia específicas, la adaptación cultural a la empresa o simplemente las preferencias personales del equipo de contratación.

Por lo tanto, es fundamental mantener una actitud positiva y proactiva durante el proceso de búsqueda de empleo en este sector, incluso si experimentamos rechazos. Cada entrevista y cada interacción con una empresa es una oportunidad para aprender y crecer profesionalmente. Si mantenemos la perseverancia, y seguimos buscando oportunidades que se alineen con nuestras habilidades y metas profesionales, terminaremos encontrando el empleo que estamos buscando.

Figura 1.9. Personas estrechándose la mano.

El autoempleo

El autoempleo puede ser una estrategia valiosa en la búsqueda de empleo, especialmente en un mercado laboral competitivo o en situaciones donde las oportunidades de empleo tradicional son limitadas. También cuando después de estar durante un periodo de tiempo prolongado realizando una búsqueda de empleo, vemos que no lo conseguimos a través de las vías anteriormente mencionadas, pero tenemos la seguridad de que podríamos estar trabajando y además, tenemos alguna idea de negocio o nos planteamos la posibilidad de darnos de alta como autónomos/as de nuestro propio sector profesional.

Algunos de los puntos a favor que tiene el decidir optar por el autoempleo, serían los siguientes:

- **Flexibilidad y control:** el autoempleo ofrece flexibilidad y control sobre tu carrera profesional. Como emprendedor/a, tienes la libertad de establecer tus propios horarios, elegir los proyectos en los que trabajas y tomar decisiones sobre el crecimiento de tu negocio.

- **Desarrollo de habilidades:** ser tu propio/a jefe/a te brinda la oportunidad de desarrollar una amplia gama de habilidades empresariales, desde la gestión financiera hasta el *marketing* y la atención al/la cliente/a. Estas habilidades son valiosas y pueden ser transferibles a roles futuros en el mercado laboral.

- **Oportunidades de crecimiento:** el autoempleo puede proporcionar oportunidades de crecimiento profesional y financiero a largo plazo. A medida que tu negocio crece, puedes expandir tus operaciones, contratar empleados/as y diversificar tus fuentes de ingresos.

- **Independencia financiera:** ser dueño/a de tu propio negocio te brinda la oportunidad de generar ingresos de manera independiente y diversificar tus fuentes de ingresos. Esto puede proporcionar seguridad financiera y una mayor sensación de control sobre tu futuro económico.

- **Desafíos y recompensas:** si bien el autoempleo puede ser gratificante, también conlleva desafíos únicos, como la gestión del riesgo empresarial, la adquisición de clientes/as y la gestión del tiempo. Sin embargo, superar estos desafíos puede ser enormemente gratificante y fortalecer la confianza en ti mismo/a.

1.2. Los contratos de trabajo: concepto y características

¿Qué es un contrato de trabajo?

> Un contrato de trabajo es un acuerdo entre empresario/a y trabajador/a, por el que este/a se obliga a prestar determinados servicios por cuenta del/la empresario/a y bajo su dirección, a cambio de una retribución económica.

¿Quién tiene capacidad para contratar?

El Real Decreto Legislativo 2/2015, de 23 de octubre, por el que se aprueba el texto refundido de la Ley del Estatuto de los Trabajadores, contiene en su artículo 6 la respuesta a esta cuestión.

Según esta ley, pueden celebrar contratos de trabajo todas las personas físicas mayores de edad y las personas menores de edad que tengan capacidad legal para trabajar.

Un contrato de trabajo puede celebrarse por escrito o de palabra.

Cuando la ley lo requiera, es necesario documentar por escrito los contratos de trabajo. Esto se aplica especialmente a contratos específicos, como el contrato formativo para adquirir experiencia profesional, el contrato de formación en alternancia, los contratos a tiempo parcial, fijos-discontinuos y de relevo, así como los contratos para proyectos concretos o servicios determinados. Además, cualquier contrato por tiempo determinado que tenga una duración superior a cuatro semanas debe ser registrado por escrito. Si no se hiciera así, el contrato se considerará celebrado por tiempo indefinido y a jornada completa, salvo prueba en contra que acredite su naturaleza temporal o el carácter a tiempo parcial de los servicios.

Figura 1.10. Firma de contratos.

Igual ocurre con los contratos de pescadores/as, trabajadores/as que trabajen a distancia o teletrabajen, y de las personas españolas que estén trabajando para empresas españolas que están ubicadas en el extranjero. Pero, de todas formas, es importante que sepamos que cualquiera de las partes podrá exigir que el contrato se celebre por escrito, incluso durante el transcurso de la relación laboral.

Información que debe darse a los/as trabajadores/as con respecto a la contratación

La empresa, cuando la relación laboral con el/la trabajador/a sea superior a cuatro semanas, deberá informarle sobre los elementos esenciales del contrato de trabajo y las principales condiciones de ejecución de la prestación laboral, de forma escrita y en el plazo de dos meses a contar desde la fecha de comienzo de la relación laboral.

Están excluidas de tal obligación las relaciones laborales especiales de los penados en instituciones penitenciarias y la de los menores internos incluidos en el ámbito de aplicación de la Ley Orgánica 5/2000, de 12 de enero, reguladora de la responsabilidad penal de los menores.

Los aspectos que deben recogerse en dicha información contractual son los siguientes:

- La identidad de las partes del contrato de trabajo.

- La fecha de comienzo de la relación laboral y, en caso de que se trate de una relación laboral temporal, la duración previsible de la misma.

- El domicilio social de la empresa o, en su caso, el domicilio del/la empresario/a y el centro de trabajo donde la persona trabajadora preste sus servicios habitualmente. Cuando la persona trabajadora preste sus servicios de forma habitual en diferentes centros de trabajo o en centros de trabajo móviles o itinerantes se harán constar estas circunstancias.

- El grupo profesional del puesto de trabajo que desempeñe la persona trabajadora o la caracterización o la descripción resumida del mismo, en términos que permitan conocer con suficiente precisión el contenido específico del trabajo.

- La cuantía del salario base inicial y de los complementos salariales, así como la periodicidad de su pago.

- La duración y la distribución de la jornada ordinaria de trabajo.

- La duración de las vacaciones y, en su caso, las modalidades de atribución de determinación de dichas vacaciones.

- Los plazos de preaviso que, en su caso, estén obligados a respetar el/la empresario/a y la persona trabajadora en el supuesto de extinción del contrato o, si no es posible facilitar este dato en el momento de la entrega de la información, las modalidades de determinación de dichos plazos de preaviso.

- El convenio colectivo aplicable a la relación laboral, precisando los datos concretos que permitan su identificación.

- El acuerdo del trabajo a distancia regulado en el artículo 6 de la Ley 10/2021, de 9 de julio, que podrá incorporarse al contrato inicial o realizarse en un momento posterior, antes de que se inicie el trabajo a distancia.

Comunicación de las contrataciones a los servicios públicos de empleo

De igual manera que se comunica a las personas trabajadoras cuáles van a ser las características del puesto para el que son contratadas, también ha de comunicarse dicha contratación a los servicios públicos de empleo. La forma en la que se ha de realizar esta gestión tiene las siguientes características:

- Las empresas, están obligados a comunicar a los servicios públicos de empleo, en el plazo de los diez días hábiles siguientes a su concertación, el contenido de los contratos de trabajo que celebren o las prórrogas de los mismos, deban o no formalizarse por escrito. Dicha comunicación se realizará mediante la presentación de copia del contrato de trabajo o de sus prórrogas.

- También debe remitirse a los servicios públicos de empleo la copia básica de los contratos de trabajo, previamente entregados a la representación legal de los/as trabajadores/as, si la hubiese.

- La comunicación del contenido de los contratos de trabajo o de sus prórrogas y el envío o remisión de las copias básicas podrá efectuarse mediante la presentación en los servicios públicos de empleo de copia de los contratos o de sus prorrogas. También podrá comunicarse a través de medios telemáticos.

- Los servicios públicos de empleo están obligados a incorporar a la base de datos del Servicio Público de Empleo Estatal, compartida con dichos servicios, todos los datos definidos como obligatorios por el Ministerio de Trabajo y Economía Social.

- La persona trabajadora podrá solicitar de los servicios públicos de empleo información del contenido de los contratos en los que sea parte.

> Las referencias efectuadas a los servicios públicos de empleo se entenderán realizadas al Servicio Público de Empleo Estatal y a los correspondientes servicios públicos de empleo de las Comunidades Autónomas que hayan asumido el traspaso de la gestión realizada por el Servicio Público de Empleo Estatal en el ámbito del trabajo, el empleo y la formación.

Periodo de prueba de los contratos de trabajo

Los contratos **pueden** tener un periodo de prueba. Esta situación es optativa y, de ser así, debe ser comunicada y fijada por escrito en el contrato. Esto hace que la variedad de situaciones con respecto a esta característica de los contratos nos proporcione diferentes posibilidades. Veamos algunas de las más relevantes que vienen descritas dentro de la normativa vigente del Estatuto de los Trabajadores.

- La duración máxima del periodo de prueba se definirá en función del convenio colectivo al que se pertenezca y, en cualquier caso, su duración no podrá pasar de los siguientes supuestos:

- – Seis meses para técnicos/as titulados/as.

- – Dos meses para el resto de los/as trabajadores/as.

■ En las empresas con menos de 25 trabajadores, el periodo de prueba no podrá exceder de tres meses para los/as trabajadores/as que no sean técnicos/as titulados/as.

■ En el supuesto de los contratos temporales de duración determinada del artículo 15 del Estatuto de los Trabajadores concertados por tiempo no superior a seis meses, el periodo de prueba no podrá exceder de un mes, salvo que se disponga otra cosa en convenio colectivo.

■ Durante el periodo de prueba la persona trabajadora tendrá los mismos derechos y obligaciones correspondientes al puesto de trabajo que desempeñe como si fuera de plantilla, excepto los derivados de la resolución de la relación laboral que podrá producirse a instancia de cualquiera de las partes durante su transcurso.

■ Durante este periodo se podrá rescindir la relación laboral por voluntad de cualquiera de las partes sin alegar causa alguna y sin preaviso, salvo pacto en contrario. La resolución a instancia empresarial será nula en el caso de las trabajadoras por razón de embarazo, desde la fecha de inicio del embarazo hasta el comienzo del periodo de suspensión a que se refiere el artículo 48.4, o maternidad, salvo que concurran motivos no relacionados con el embarazo o maternidad.

■ El periodo de prueba se computa a efectos de antigüedad.

■ La situación de incapacidad temporal, nacimiento, adopción, guarda con fines de adopción, acogimiento, riesgo durante el embarazo, riesgo durante la lactancia y violencia de género, que afecten a la persona trabajadora durante el periodo de prueba, interrumpen el cómputo del mismo, siempre que se produzca de acuerdo entre las partes.

■ Será nulo el pacto que establezca un periodo de prueba cuando el trabajador haya desempeñado las mismas funciones con anterioridad en la empresa, bajo cualquier modalidad de contratación.

■ Algunas relaciones laborales especiales contemplan en sus reglamentos duraciones máximas específicas del periodo de prueba, como por ejemplo, la del personal al servicio del hogar familiar (dos meses), la del personal de alta dirección (nueve meses) o la de los deportistas profesionales (tres meses).

Figura 1.11. Revisando perfiles profesionales.

Derecho de información de los/as representantes legales de los/as trabajadores/as en materia de contratación

Una copia básica de los contratos que deban formalizarse por escrito, a excepción de los contratos de relaciones especiales de alta dirección, para los que es suficiente su notificación, debe ser entregada en el plazo de diez días a los representantes legales de las personas trabajadoras, quienes la firmarán a efectos de acreditar que se ha producido la entrega. Igualmente, se les notificarán en el mismo plazo las prórrogas de dichos contratos, así como las denuncias de los mismos.

La copia básica contendrá todos los datos del contrato, a excepción del número del documento nacional de identidad o del número de identidad de extranjero, domicilio, estado civil y cualquier otro que pudiera afectar a la intimidad personal de la persona trabajadora.

Dicha información estará a disposición de los representantes legales de las personas trabajadoras a través de los órganos de participación institucional de las mismas en los correspondientes servicios públicos de empleo.

Comunicación por medios telemáticos. Contrat@

Actualmente, disponemos también de la posibilidad de realizar estas comunicaciones contractuales a través de medios telemáticos como la aplicación Contrat@.

Esta aplicación permite a los/as empresarios/as que actúan en nombre propio y a las empresas y profesionales colegiados/as que actúen en representación de terceros/as, comunicar el contenido de la contratación laboral a los servicios públicos de empleo desde su propio despacho o sede profesional.

A través de Contrat@ se pueden comunicar los datos de contratos, copias básicas, prórrogas, llamamientos de fijos discontinuos y pactos de horas complementarias, y puede hacerse por una de las tres opciones disponibles: a través de la comunicación de datos, a través del envío de ficheros XML o a través de servicios web.

Tipos y modalidades de contratos

Podemos hablar de cuatro modalidades de contrato de trabajo actualmente.

- Contrato de trabajo **indefinido**.
- Contrato de trabajo **temporal**.
- Contrato de trabajo **fijo discontinuo**.
- Contratos de trabajo **formativos**.

Con la entrada en vigor de la reforma laboral el 31 de marzo de 2022 se produjeron importantes cambios en los tipos de contratos de trabajo en España. Dichos cambios

se recogen en el Real Decreto Ley 32/2021, de 28 de diciembre, de medidas urgentes para la reforma laboral, la garantía de la estabilidad en el empleo y la transformación del mercado de trabajo.

> Los principales cambios de la reforma laboral de 2022 fueron **limitar la temporalidad e incentivar la contratación indefinida,** y se estableció que el periodo para encadenar contratos y pasar a ser indefinido se limita a **18 meses** (dentro de un marco de dos años).

Figura 1.12. Anuncio de empleo en prensa escrita.

Veamos en qué consiste cada uno de estos tipos de contrato.

■ Contrato indefinido

Los contratos indefinidos son aquellos contratos de trabajo que se conciertan sin establecer límites de tiempo en la prestación de los servicios, en lo referido a la duración del contrato.

Por tanto, son adecuados para ofrecer estabilidad, compromiso y buenas condiciones laborales a la persona trabajadora. Y, lógicamente, entre todos los tipos de contratos de trabajo son los más deseados por los/as trabajadores/as.

Además, puede darse una serie de circunstancias por las que la persona trabajadora alcance la condición de trabajador/a fijo/a, independientemente de cuál haya sido su tipo de contratación en los siguientes casos:

— Los/as trabajadores/as que no hubieran sido dados de alta en la Seguridad Social, una vez transcurrido un plazo igual al que legalmente se hubiera podido fijar para el periodo de prueba, salvo que de la propia naturaleza de las actividades o de los servicios contratados se deduzca claramente la duración temporal de los mismos, todo ello sin perjuicio de las demás responsabilidades a que hubiera lugar en derecho.

— Los/as trabajadores/as con contratos temporales celebrados en fraude de ley.

— Los/as trabajadores/as que en un periodo de treinta meses hubieran estado contratados/as durante un plazo superior a veinticuatro meses, con o sin solución de continuidad, para el mismo puesto de trabajo con la misma empresa, mediante dos o más contratos temporales, sea directamente o a través de su puesta a disposición por empresas de trabajo temporal, con las mismas o diferentes modalidades contractuales de duración determinada, adquirirán la condición de fijos/as.

Figura 1.13. Personas trabajando.

Dentro de los contratos indefinidos, podemos encontrar diferentes **tipos**, en función de las fórmulas condicionantes que se incluyan en ellos:

— Contrato indefinido ordinario.

— Personas con discapacidad.

— Personas con discapacidad en centros especiales de empleo.

— Personas con discapacidad procedentes de enclaves laborales.

— Personas con capacidad intelectual límite.

— Personas desempleadas de larga duración.

— De trabajadores en situación de exclusión social.

— Víctimas de violencia de género, violencia doméstica, terrorismo o trata de seres humanos.

— De excluidos de empresas de inserción.

— De familiar de trabajador autónomo.

— De mayores de 52 años beneficiarios de subsidios por desempleo.

— Del servicio del hogar familiar.

— De trabajo en grupo.

— De alta dirección.

— De conversión de contratos formativos y temporales para el fomento del empleo de personas con discapacidad en indefinido.

— De conversión de contrato en prácticas, de relevo, de sustitución por anticipación de la edad de jubilación en indefinido.

Figura 1.14. Señal de trabajos y obras.

■ Contrato temporal

Este tipo de contratos son los más adecuados cuando hay que incorporar a una persona trabajadora por un tiempo determinado o para una actividad muy concreta. Eran el tipo de contrato más habitual en nuestro país hasta la reforma laboral de 2022. Y, al mismo tiempo, eran uno de los principales motivos de la alta tasa de desempleo. Por tanto, han sufrido algunas modificaciones importantes para que las empresas eviten este formato en la mayor parte de las situaciones en las que contraten a cualquier persona trabajadora actualmente.

Para que esté justificada la temporalidad, es necesario especificar con precisión en el contrato una serie de aspectos:

— La causa habilitante de la contratación temporal.

— Las circunstancias concretas que lo justifican.

— La conexión con la duración prevista.

El contrato de trabajo temporal puede ser a jornada completa o a jornada parcial. Deberá ser documentado por escrito, aunque puede ser verbal en casos específicos, como cuando su duración sea menor a cuatro semanas y la jornada sea a tiempo completo debido a circunstancias de producción.

Hasta marzo de 2022 existían tres tipos de contratos temporales: de obra o servicio determinado, eventual por circunstancias de la producción y de interinidad.

Pero con la aprobación de la reforma laboral, los contratos de trabajo de duración determinada experimentaron cambios profundos como el hecho de que desaparece el contrato por obra y servicio determinado. Así, las nuevas modalidades de contrato de duración determinada son las que tienen que ver con las circunstancias de la producción o con la sustitución de la persona trabajadora.

Figura 1.15. Búsqueda de personas trabajadoras.

Los nuevos tipos de contrato temporal existentes son los siguientes:

— **Contrato eventual por circunstancias de la producción.** El contrato eventual por circunstancias de la producción se establece para **situaciones muy concretas**. En estos casos, la duración no podrá ser superior a seis meses, ampliable a un año por convenio del sector.

— **Contrato por sustitución de la persona trabajadora.** En este caso, se mantienen los mismos criterios que en el contrato por interinidad que existía previamente, y que son los siguientes:

- Su objeto es sustituir a trabajadores con reserva de su puesto de trabajo, suspensión de contrato para cubrir temporalmente un puesto durante el proceso de selección o sustitución en periodos de vacaciones.

- Específicamente se podrá realizar en supuestos de sustitución por maternidad, riesgo durante el embarazo, adopción o acogimiento preadoptivo o permanente de trabajadores/as autónomos/as y socios/as de sociedades cooperativas.

- La duración coincidirá con el tiempo que dure la causa que lo fundamenta.

- El contrato de trabajo se realizará obligatoriamente por escrito.

- La jornada será a tiempo completo salvo que el sustituido tenga un contrato a tiempo parcial o una jornada reducida.

Además, en este caso, se limita la duración del periodo de prueba en los contratos temporales a un máximo de un mes en aquellos contratos de trabajo cuya duración no sea superior a seis meses. No obstante, con la reforma laboral se incorporó un cambio importante, ya que la persona sustituta podrá iniciar la prestación de servicios días antes de producirse la ausencia de la persona sustituida.

Figura 1.16. Selección de personal.

— **Otros tipos de contratos temporales**

- Contrato de trabajadores/as en situación de exclusión social, víctima de violencia de género, doméstica, víctima de terrorismo o víctima de trata de seres humanos.

- De trabajadores/as en situación de exclusión social por empresas de inserción.

- De trabajadores/as mayores de 52 años beneficiarios de los subsidios por desempleo.

- De situación de jubilación parcial.

- De relevo.

- De trabajos de interés social/fomento de empleo agrario.

- De trabajadores/as del servicio del hogar familiar.

- De personas con discapacidad.

- De personas con discapacidad en centros especiales de empleo.

- De investigadores/as.

- De trabajadores/as penados/as en instituciones penitenciarias.

- De menores y jóvenes en centros de menores sometidos/as a medidas de internamiento.

■ Contrato fijo discontinuo

Este tipo de contrato es de carácter indefinido y se determina porque la actividad laboral se lleva a cabo de forma intermitente en el tiempo. Es decir, hay una discontinuidad en el ejercicio del trabajo, ya que no se trabaja de forma continua durante todo el año.

Figura 1.17. Selección de candidaturas.

Este tipo de contrato es el más utilizado en el caso de realizar trabajos de naturaleza estacional o de temporada. De ahí que sustituya principalmente a los tipos de contratos temporales o por obra o servicio. También suele ser usado por parte de las empresas de trabajo temporal (ETT), y en los casos de contratas y subcontratas mercantiles o administrativas.

Mediante el contrato fijo discontinuo, las personas trabajadoras tienen los mismos derechos que en el contrato indefinido, incluida la indemnización por despido.

■ Contratos formativos

Los contratos formativos pueden ser de dos tipos: de formación en alternancia y para la práctica profesional.

— *Contrato de formación en alternancia*. Consiste en llevar a cabo al mismo tiempo el proceso formativo de una persona con una actividad laboral retribuida. Su ámbito de actuación es la formación profesional, los estudios universitarios o el catálogo de especialidades del Sistema Nacional de Empleo. El objetivo que persigue este tipo de contratos es el de proporcionar la cualificación necesaria para el desempeño de una profesión. Su duración será mínimo de tres meses y máximo de dos años. Y el tiempo de trabajo no puede ser superior al 65 % de la jornada máxima el primer año y al 85 % en el segundo año. Este tipo de contrato no genera indemnización al finalizar. Además, existe una prohibición expresa de realizar horas complementarias y extraordinarias salvo fuerza mayor. El contrato de formación en alternancia sustituyó con la reforma laboral de 2022 al contrato para la formación y el aprendizaje.

— *Contrato para la práctica profesional*. El contrato para la práctica profesional está dirigido a trabajadores/as que están en posesión de un título universitario, un máster profesional, un certificado del sistema de formación profesional o un título de grado medio o superior. El objetivo principal de este tipo de contrato es el de facilitar la práctica profesional de las personas trabajadoras, adecuándolo a su nivel de estudios. No pueden tener una duración inferior a seis meses ni superior a un año en la misma o distinta empresa. La jornada laboral puede ser tanto completa como parcial, pero no se pueden realizar horas extras y sí horas complementarias. La retribución de este contrato queda contemplada en el convenio del sector y, si no es así, se aplicará la del grupo profesional al que se pertenezca, teniendo en cuenta las funciones que se desempeñan.

Los contratos de formación y aprendizaje contemplan una serie de bonificaciones para las empresas que los utilicen. Veamos cuáles son:

— Reducción del 100 % de las cuotas empresariales para empresas de menos de 250 trabajadores y del 75 % para empresas con más de 250. Se aplican los mismos porcentajes para trabajadores/as inscritos en el Sistema Nacional de Garantía Juvenil.

— Financiación de la formación con bonificaciones en las cuotas empresariales por horas en función de los porcentajes de la jornada laboral:

  - 25 % primer año.

  - 15 % segundo y tercer años.

— Se bonifican costes de tutorización de forma adicional:

  - 1,5 euros por alumno/a y hora de tutoría hasta 40 horas por mes y alumno/a.

  - 2 euros en empresas de menos de cinco trabajadores/as.

— Se incentiva con 1500 o 1800 euros el paso a indefinidos durante tres años para:

  - Mujeres.

  - Trabajadores/as inscritos en el Sistema Nacional de Garantía Juvenil.

Figura 1.18. Selección de candidaturas *online*.

1.3. El Estatuto de los Trabajadores

El Estatuto de los Trabajadores recoge las normas fundamentales existentes en el derecho laboral en España. Es, por lo tanto, el texto legal que regula las relacionales laborales en nuestro país.

La Constitución española, en el apartado segundo del artículo 35, establece que «la ley regulará un estatuto de los trabajadores» y en su artículo 40.2, indica que «los poderes públicos [...] velarán por la seguridad e higiene en el trabajo y garantizarán el descanso necesario, mediante la limitación de la jornada laboral, las vacaciones periódicas retribuidas y la promoción de centros adecuados».

Fue aprobado por primera vez en nuestro país en el año 1980. Desde entonces ha sufrido varias modificaciones, estando vigente el Real Decreto Legislativo 2/2015, de 23 de octubre, por el que se aprueba el texto refundido de la Ley del Estatuto de los Trabajadores.

El estatuto aborda todo el procedimiento relacionado con un contrato laboral, que abarca desde su suscripción y las responsabilidades y derechos que implica, hasta las circunstancias que pueden surgir al finalizar un contrato. Además, también se abordan temas como las horas de trabajo, la representación sindical y las remuneraciones. En total, el Estatuto de los Trabajadores está formado por 92 artículos.

El Estatuto de los Trabajadores recoge cuidadosamente todos los derechos básicos de las personas trabajadoras, como el de recibir un salario, la negociación colectiva de su sector, la integridad física y una adecuada política de prevención de derechos laborales, la promoción interna en los puestos de trabajo, etcétera.

Y, al mismo tiempo, también recoge cuáles son las obligaciones que las personas trabajadoras contraen con las empresas durante su relación laboral, indicando que el incumplimiento de las mismas puede dar lugar a algunas de las causas motivadas de extinción de los contratos de trabajo.

Figura 1.19. Personas trabajadoras.

Dentro del marco del Estatuto de los Trabajadores, se aborda la regulación de los diferentes tipos de contratos laborales, se definen las condiciones básicas en cuanto a salarios y horarios de trabajo, se establecen las disposiciones sobre las excedencias laborales y se detallan los mecanismos de representación de los/as trabajadores/as.

El Estatuto de los Trabajadores consta al principio de unas disposiciones derogatorias dando paso después a los tres títulos recogidos para finalizar con otras disposiciones adicionales.

Los principales títulos que se describen en el Estatuto de los Trabajadores son los siguientes:

- Título I. De la relación individual de trabajo.

- Título II. De los derechos de representación colectiva y de reunión de los trabajadores en la empresa.

- Título III. De la negociación colectiva y de los convenios colectivos.

El Estatuto de los Trabajadores es el mínimo indispensable sobre el que fijarse, ya que los contratos de trabajo no pueden empeorar las condiciones que se describen en el Estatuto, por lo que aquellos aspectos que no se regulen dentro de un contrato de trabajo se regirán por lo que establezca el convenio del sector correspondiente y, si en ese caso tampoco se regula, se regulará por lo que establezca el Estatuto de los Trabajadores.

Por lo tanto, en situaciones de incertidumbre o conflicto relacionadas con aspectos específicos de las condiciones laborales del/la trabajador/a, se debe consultar primero el contrato de trabajo y luego el Estatuto de los Trabajadores.

El propósito principal del Estatuto de los Trabajadores es salvaguardar los derechos del trabajador, quien suele ser la parte más vulnerable en la relación laboral.

Aquello que no esté contemplado en el contrato laboral estará respaldado por esta legislación.

Figura 1.20. Trabajadores y trabajadoras.

El Estatuto de los Trabajadores aborda una amplia gama de temas específicos, como las relaciones laborales especiales, el empleo de menores, los salarios de tramitación, los pactos de no competencia, el preaviso, la movilidad laboral y las indemnizaciones por despido, entre otros aspectos relevantes.

Es importante distinguir entre el Estatuto de los Trabajadores y los convenios colectivos, aunque existe una conexión entre ambos.

Aunque comparten la regulación de las condiciones laborales de manera generalizada, los convenios colectivos se centran en sectores específicos dentro de áreas geográficas o funcionales. Además, es importante destacar que los convenios colectivos nunca pueden establecer condiciones inferiores a las establecidas por el Estatuto de los Trabajadores; de hecho, siempre deben mejorarlas o mantenerlas.

El convenio colectivo, como acuerdo surgido de la negociación colectiva, obliga tanto a empleadores/as como a empleados/as dentro de su ámbito de aplicación y durante su periodo de validez.

Mientras que el Estatuto de los Trabajadores tiene un alcance más general, el ámbito de aplicación del convenio colectivo es determinado por las partes involucradas en la negociación.

Por lo tanto, adoptar una cultura empresarial centrada en el respeto de los derechos básicos de los/as trabajadores/as y humanizar el departamento de recursos humanos puede ser una estrategia efectiva para garantizar el cumplimiento de estas normativas y mejorar la productividad, el compromiso y la confianza de los/as empleados/as en la empresa.

Figura 1.21. Recursos humanos.

1.4. Los agentes sociales y su papel en el mercado de trabajo. Seguridad Social: conceptos básicos y estructura

Los agentes sociales son entidades representativas de las empresas y los/as trabajadores/as que participan en la economía. Estas organizaciones, que incluyen sindicatos y asociaciones patronales, tienen un papel crucial en la negociación de asuntos relacionados con el mercado laboral, la legislación laboral y las políticas salariales, entre otros temas, en colaboración con el Gobierno.

En esencia, los agentes sociales son vehículos que defienden los intereses de sus respectivos grupos ante el Gobierno, procurando que estas preocupaciones se reflejen en las políticas y regulaciones implementadas.

Aunque comúnmente se asocia a los sindicatos y las asociaciones patronales como los agentes sociales predominantes, es importante destacar que este término engloba a cualquier individuo, grupo u entidad que ejerza influencia en la sociedad a través de sus acciones, organizaciones y relaciones. Esto significa que, además de sindicatos y patronales, también pueden considerarse agentes sociales a organizaciones gubernamentales y no gubernamentales, grupos de la sociedad civil, movimientos sociales, instituciones religiosas, entre otros.

Los agentes sociales desempeñan un papel fundamental en la formación y transformación de la sociedad, y su capacidad para influir en la opinión pública y en las políticas gubernamentales puede ser muy significativa. A través de la participación en la vida política, económica y cultural de la sociedad, los agentes sociales pueden promover cambios y defender intereses y derechos específicos.

Figura 1.22. Llegando a un acuerdo.

Los agentes sociales: sindicatos y patronal

Cuando hablamos de agentes sociales, nos referimos generalmente a las organizaciones sindicales y patronales que abogan por los intereses de los/as trabajadores/as y empresarios/as en una variedad de asuntos, como políticas laborales, regulaciones del mercado laboral y cuestiones empresariales.

Por un lado, los sindicatos, también conocidos como sindicatos de trabajadores, son agrupaciones conformadas por trabajadores/as con el propósito de salvaguardar sus derechos laborales, mejorar sus condiciones de trabajo y negociar con los/as empleadores/as en representación de los/as trabajadores/as. Su principal objetivo radica en la protección de los intereses laborales y en la búsqueda de una mejor calidad de vida para los/as trabajadores/as.

Por otro lado, las organizaciones patronales, o patronales de empresarios, representan a las empresas y empleadores de un sector específico o región. Su función principal consiste en defender los intereses y derechos de los/as empleadores/as, así como promover el desarrollo y crecimiento económico del ámbito empresarial.

Estas organizaciones, tanto sindicales como patronales, desempeñan un papel crucial en la negociación y formulación de políticas laborales, al tiempo que trabajan en conjunto con el Gobierno y otras partes interesadas para garantizar un equilibrio justo entre los intereses de los/as trabajadores/as y los/as empleadores/as, y fomentar un entorno laboral favorable para todos/as los/as involucrados/as.

Figura 1.23. Los intereses de todas las personas trabajadoras.

La patronal, conocida también como la asociación empresarial, desempeña un papel fundamental en la defensa de los intereses de las empresas, que son los principales generadores de empleo en una región o sector específico. Su labor consiste en representar y promover los intereses empresariales a través del diálogo y la negociación con los sindicatos, que actúan en representación de los/as trabajadores/as, y con el Gobierno, que establece las regulaciones que afectan a todos los actores laborales.

Además de abogar por los intereses empresariales, la patronal también participa activamente en la formulación de políticas económicas y laborales, buscando promover un entorno empresarial favorable para el crecimiento y desarrollo sostenible de las empresas. Asimismo, colabora con otras partes interesadas, como instituciones educativas y organizaciones de la sociedad civil, para abordar los desafíos y oportunidades que enfrenta el sector empresarial en su conjunto.

En última instancia, el objetivo de la patronal es contribuir al fortalecimiento y prosperidad del tejido empresarial, fomentando la creación de empleo y la competitividad, al tiempo que se garantiza el respeto por los derechos laborales y se promueve un equilibrio justo en las relaciones laborales.

¿Qué hacen los agentes sociales?

Los agentes sociales son entidades representativas de diversos sectores de la sociedad que desempeñan un papel crucial en la defensa de los intereses y derechos de determinados grupos o colectivos. Gracias a su influencia y capacidad de negociación, estos agentes logran promover y favorecer la consideración de los intereses de sus representados en las discusiones y acuerdos con las autoridades políticas.

Estas organizaciones sociales pueden incluir, como hemos indicado anteriormente, sindicatos, asociaciones profesionales, grupos de defensa de derechos humanos, organizaciones no gubernamentales y otros grupos de interés. Su labor no solo implica la defensa activa de los derechos de sus miembros, sino también la promoción de políticas y medidas que contribuyan al bienestar y desarrollo de los sectores que representan.

Además de participar en la negociación con el poder político, los agentes sociales también juegan un papel importante en la sensibilización pública, la movilización ciudadana y la formulación de propuestas y soluciones para abordar las necesidades y demandas de los colectivos que representan. La forma en la que llevan a cabo sus funciones son las siguientes:

- Promueven acciones que favorezcan los intereses de sus representados/as.

- Defienden y priman los intereses de sus representados/as en la negociación con el Gobierno y otros agentes sociales.

- Influyen en la política y la regulación que pueda afectar a los intereses de sus representados/as.

- Logran un trato más favorecedor y una normativa más facilitadora a través de la negociación con los poderes.

- Representan a sus afiliados/as y miembros, y defienden sus derechos e intereses.

- Ofrecen ayuda, asesoramiento, así como herramientas a sus representados para defenderse en situaciones como podría ser un juicio, una detención, un suceso sobrevenido, así como otro tipo de situaciones que podrían afectar a su bienestar.

- Conciencian y promueven el estudio de aquellas problemáticas que afectan a sus representados/as. En este sentido, realizan estudios con la intención de generar concienciación social y, de esa manera, presionar al poder político.

En nuestro país, algunos de los agentes sociales más representativos son los siguientes:

- La CEOE. La Confederación Española de Organizaciones Empresariales es la mayor organización patronal en España.

- UGT. La Unión General de los Trabajadores es uno de los sindicatos mayoritarios en España.

- CCOO. Comisiones Obreras es, como UGT, uno de los sindicatos mayoritarios de nuestro país.

Figura 1.24. Mesa de trabajo y acuerdos.

Tradicionalmente, estos tres agentes sociales han sido los más conocidos y utilizados en nuestra sociedad por parte de las personas trabajadoras. Pero los cambios sociales que vivimos en los últimos años y la conciencia social con respecto a la representación de todas y cada una de las personas que vivimos y convivimos en ella han hecho que otro tipo de entidades también cojan peso como agentes sociales que se preocupan y atienden los posibles problemas y situaciones a las que se enfrentan las personas trabajadoras de nuestro país.

Algunas de estas asociaciones serían las siguientes:

- Las asociaciones feministas. Son entidades fundamentales en la sociedad actual, que desempeñan un papel crucial en la promoción de la igualdad de género y la defensa de los derechos de las mujeres.

  - Al igual que otras organizaciones sociales, ejercen una influencia significativa en la vida pública, abogando por los intereses y necesidades de sus integrantes.

  - Estas asociaciones trabajan activamente para combatir la discriminación de género, la violencia machista, y para promover la participación equitativa de las mujeres en todos los ámbitos de la sociedad.

  - Además de defender los derechos civiles, económicos y sociales de las mujeres, también llevan a cabo campañas de concienciación, actividades de sensibilización y programas de educación para promover la igualdad de género y el empoderamiento femenino.

  - Proporcionan apoyo y recursos a mujeres que han sido víctimas de violencia de género, discriminación laboral o cualquier otra forma de injusticia. Ofrecen espacios seguros, asesoramiento legal, acompañamiento emocional y herramientas para fortalecer la autoestima y la autonomía de las mujeres.

- Asociaciones LGTBIQ+ y otros colectivos sociales. Al igual que las asociaciones feministas, estos colectivos también tratan de defender los intereses de sus representados/as en las decisiones que toma el Gobierno y que podrían afectarles.

Figura 1.25. Variedad de personas que forman parte de la sociedad.

¿Qué es la Seguridad Social?

El Sistema de la Seguridad Social constituye un pilar fundamental del Estado para asegurar el bienestar y la protección social de los ciudadanos. Se compone de diversos regímenes que garantizan la cobertura en situaciones de contingencia, tanto para aquellos que están activos laboralmente como para quienes cumplen con los requisitos establecidos en la modalidad no contributiva.

En España, la Seguridad Social es el principal mecanismo de protección social, brindando una serie de prestaciones esenciales que permiten a los individuos enfrentar contingencias como enfermedad, accidentes laborales, invalidez, desempleo y jubilación, entre otras. Estas prestaciones actúan como una salvaguarda que evita que las personas caigan en situaciones de vulnerabilidad económica ante imprevistos.

Además de las prestaciones económicas, la Seguridad Social ofrece servicios de asistencia médica y apoyo a las familias con hijos, fortaleciendo así la protección integral de los ciudadanos en diferentes aspectos de su vida. Este sistema garantiza una red de seguridad que busca promover el bienestar social y la equidad, contribuyendo al desarrollo y la estabilidad de la sociedad en su conjunto.

Figura 1.26. Todas las personas participan y colaboran en la Seguridad Social.

En nuestro país, el sistema de la Seguridad Social es público al ser directamente el Estado el que lo proporciona a todos/as los/as ciudadanos/as. En el Artículo 41 de la Constitución española se regula, y en el Real Decreto Ley 8/2015 de 30 de octubre se aprueba el texto refundido de la Ley General de la Seguridad Social de nuestro país.

El Sistema de Seguridad Social está compuesto por el **Régimen General** y **Regímenes Especiales**. Dentro del Régimen General de la Seguridad Social, se hallan también incluidos como Sistemas Especiales colectivos con particularidades en materia de afiliación y cotización:

- Sistema Especial de frutas, hortalizas e industria de conservas vegetales.

- Sistema Especial de la Industria Resinera.

- Sistema Especial de los servicios extraordinarios de hostelería.

- Sistema Especial de manipulado y empaquetado del tomate fresco, realizadas por cosecheros/as exportadores/as.

- Sistema Especial de trabajadores/as fijos discontinuos de cines, salas de baile y de fiesta y discotecas.

- Sistema Especial de trabajadores/as fijos discontinuos de empresas de estudio de mercado y opinión pública.

- Sistema Especial Agrario.

- Sistema Especial para Empleados/as de Hogar.

El Sistema de Seguridad Social comprende también los siguientes Regímenes Especiales.

Actualmente son:

- Régimen Especial de Trabajadores/as Autónomos/as.

- Régimen Especial de Minería del Carbón.

- Régimen Especial de Trabajadores/as del Mar.

Figura 1.27. Colaboración entre personas trabajadoras.

Los principios fundamentales que sustentan el sistema público de prestaciones son los siguientes:

1. **Proporcionalidad contributiva**: la prestación otorgada se corresponde con las contribuciones realizadas al sistema, garantizando así una relación justa entre aportaciones y beneficios.

2. **Universalidad**: el alcance de la protección se extiende al máximo posible, asegurando que todos los ciudadanos tengan acceso a las prestaciones necesarias para cubrir sus necesidades básicas, independientemente de su situación económica o laboral.

3. **Solidaridad intergeneracional**: el sistema se sostiene en el principio de solidaridad, donde las cotizaciones de los/as trabajadores/as en activo financian las prestaciones actuales, asegurando así la protección de las generaciones presentes y futuras.

4. **Equidad e igualdad de derechos**: se garantiza que todos los asegurados, sin importar su momento o lugar de residencia, tengan los mismos derechos y acceso a las prestaciones necesarias para mantener su bienestar y calidad de vida.

5. **Suficiencia**: se busca garantizar que las prestaciones proporcionadas sean adecuadas y suficientes para cubrir las necesidades básicas de los beneficiarios, asegurando así su bienestar y dignidad.

6. **Unidad de caja**: el Estado es el único responsable y titular de todos los recursos, obligaciones y prestaciones del sistema de Seguridad Social, asegurando una gestión eficiente y transparente de los fondos destinados a proteger a los ciudadanos.

Figura 1.28. La Seguridad Social cubre a todas las personas.

¿Y cómo se financia la Seguridad Social española?

La Seguridad Social en España se financia mediante un sistema mixto que recurre a diferentes fuentes para obtener los recursos necesarios y cumplir con sus compromisos. Las principales son las cotizaciones que realizan tanto empresarios como trabajadores, junto con las contribuciones del Estado destinadas a sostener este sistema.

En términos sencillos, las cotizaciones son como una especie de impuesto que pagan tanto las empresas como los/as trabajadores/as, y se calculan como un porcentaje del salario de los/as trabajadores/as. Las empresas aportan alrededor del 23,6 % del salario de sus empleados/as, mientras que los/as trabajadores/as contribuyen con un 4,7 %.

Por un lado, tenemos la modalidad contributiva, que requiere que los/as trabajadores/as hayan cotizado a la Seguridad Social durante un cierto número de años para tener derecho a recibir las prestaciones correspondientes. Esta modalidad se basa en lo que cada uno aporta a lo largo de su vida laboral.

Figura 1.29. Todas las personas podemos ayudar.

Por otro lado, está la modalidad no contributiva, que es más como una ayuda social y está disponible para todas las personas, independientemente de si han cotizado o no. En este caso, su financiación proviene de las aportaciones de los Presupuestos Generales del Estado.

Con estos fondos se cubren gastos como la atención médica, complementos para pensiones mínimas y el presupuesto para el Instituto de Mayores y Servicios Sociales. Es una forma de garantizar que nadie quede desamparado en momentos de necesidad, sin importar su historial laboral.

Afiliación e inscripción en la Seguridad Social española

La afiliación a la Seguridad Social es un asunto serio y obligatorio para todos/as los/as ciudadanos/as de nuestro país. Esto significa que una vez te registras, estás en el sistema para siempre. Y, claro, también hay que cumplir con el pago de las cuotas o cotizaciones, porque esta es la forma de que todas las personas podamos estar cubiertas en cualquier momento de nuestra vida.

Para las empresas, inscribirse en el Régimen General de la Seguridad Social es un paso clave antes de empezar cualquier actividad laboral. Es un requisito indispensable que no se puede pasar por alto.

Pero para generar las ayudas económicas que reciben las personas, entonces tenemos que hablar de la modalidad contributiva. Estas ayudas, las reciben las personas que cumplen ciertos requisitos. Encontramos diferentes tipos de prestaciones:

- Las pensiones, que son un sueldo vitalicio o hasta cierta edad.

- Los subsidios, que son ayudas temporales pero periódicas.

- Las indemnizaciones, que son pagos únicos por situaciones específicas.

- Y luego están otras prestaciones, como las del desempleo y la protección familiar, que no son exactamente dinero, pero sí una ayuda cuando más se necesita.

Y eso no es todo, también hay que mencionar, en este caso, la asistencia sanitaria a la que tenemos derecho todas las personas, el acceso a los medicamentos y a los servicios sociales.

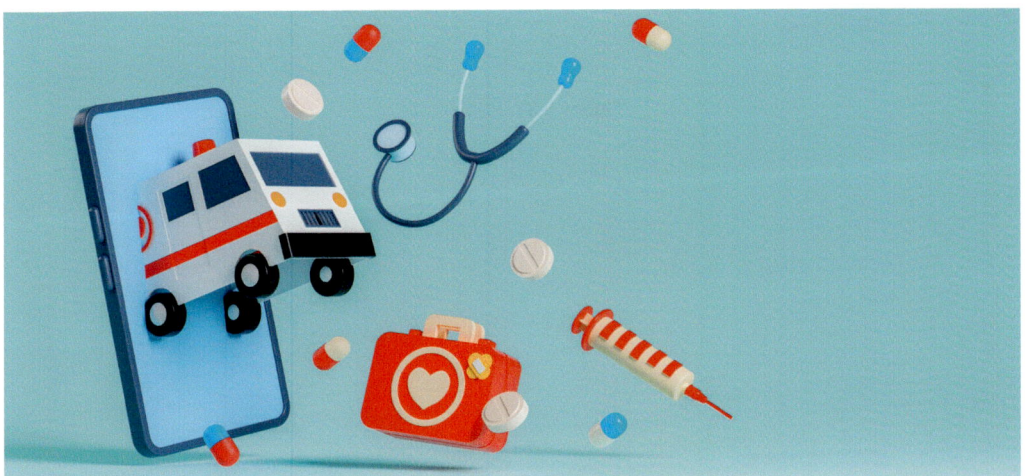

Figura 1.30. Asistencia médica y social.

Para tener acceso a las prestaciones del sistema de la Seguridad Social, es importante saber quiénes están incluidos en él.

En términos simples, todos/as los/as españoles/as que viven en España y los/as extranjeros/as que residen legalmente aquí pueden beneficiarse, sin importar su sexo, estado civil o trabajo. **Siempre y cuando estén trabajando en territorio nacional.**

- Los/as trabajadores/as por cuenta ajena.

- Los/as trabajadores/as por cuenta propia.

- Los/as socios/as trabajadores/as de cooperativas de trabajo asociado.

- Los/as estudiantes.

- Los/as funcionarios/as públicos, tanto civiles como militares.

Figura 1.31. Población.

ACTIVIDAD PRÁCTICA

Después de haber explicado esta primera unidad, ¿crees conocer cuál es la oferta del mercado laboral en el que te mueves?

Realiza una búsqueda a través de Internet para conocer cuáles son las características del mercado laboral de la ciudad en la que resides y toma nota de los siguientes apartados:

- Empresas privadas del sector profesional al que perteneces.

- Entidades públicas que ofrezcan empleo del sector profesional al que perteneces.

Seguramente, para poder realizar esta actividad, primero tendrás que realizar un esquema de tu sector profesional, indicando cuáles son los puestos de trabajo a los que puedes optar con tus titulaciones académicas y con tu experiencia profesional. Esto te servirá más adelante para poder desarrollar detalladamente tu propio itinerario de inserción laboral.

Además, esta breve actividad te servirá para saber si en la zona en la que vives hay suficiente oferta de empleo para tu propio perfil profesional.

¡Busquemos información!

Orientación laboral

La orientación laboral es una herramienta fundamental para enfrentar los retos del mercado de trabajo actual. En este tema se exploran los recursos y estrategias que permiten a las personas identificar oportunidades laborales y mejorar su empleabilidad. Desde el conocimiento de los derechos y posibilidades de movilidad en el ámbito de la Unión Europea hasta el uso de plataformas como la red EURES, se analizan las claves para una búsqueda de empleo eficiente. Además, se reflexiona sobre la importancia de los servicios de empleo y la Formación Profesional como pilares para acceder a un empleo de calidad y adaptarse a un entorno profesional en constante transformación.

Contenido

La orientación laboral es como el GPS de nuestra carrera profesional: nos guía en el camino hacia nuestras metas profesionales. Conocer los aspectos clave de este tema es fundamental porque nos ayuda a navegar por el complejo mundo laboral con confianza y con un objetivo en mente.

En primer lugar, entender qué es la orientación laboral y qué implica es esencial para cualquier persona que esté buscando empleo o planeando su futuro profesional. Esta disciplina no solo trata de encontrar un trabajo, sino de identificar nuestras fortalezas, intereses y valores, y cómo estos se alinean con nuestras aspiraciones laborales.

La orientación laboral nos ayuda a identificar posibles trayectorias profesionales, oportunidades de desarrollo y áreas de crecimiento. Esto nos permite tomar decisiones informadas sobre nuestra educación, formación y experiencia laboral, maximizando nuestras posibilidades de éxito y satisfacción en el trabajo.

Además, conocer las herramientas y recursos disponibles para acceder al mercado laboral de manera efectiva es crucial para todas las personas, así que pongámonos manos a la obra para obtener los mejores resultados posibles.

Figura 2.1. Orientarse laboralmente.

2.1. El trabajo en la Unión Europea: libre circulación de trabajadores

Un poco de historia sobre la Unión Europea

La Unión Europea (UE) es una entidad geopolítica que abarca una gran parte del continente europeo y constituye una asociación económica y política única en el mundo, compuesta por veintisiete países miembros.

Desde la década de 1960, Bruselas se ha consolidado como la capital de la UE, albergando la mayoría de sus instituciones y funcionarios. La UE cuenta con una moneda común, una bandera, un himno y celebra el Día de Europa cada 9 de mayo.

El proyecto de la UE tuvo sus inicios en 1951, con la formación de la Comunidad Europea del Carbón y del Acero, establecida por seis países fundadores: Alemania, Bélgica, Francia, Italia, Luxemburgo y los Países Bajos. Este proyecto económico, político y social ha generado paz, estabilidad y prosperidad en la región durante más de medio siglo.

La UE ha contribuido significativamente a elevar el nivel de vida de los/as europeos/as, introduciendo una moneda única y desarrollando un mercado único que facilita la libre circulación de personas, bienes, servicios y capital entre los Estados miembros. Lo que comenzó como una unión económica ha evolucionado hacia una organización activa en diversos ámbitos, desde la ayuda al desarrollo hasta la protección del medio ambiente.

Además, la UE promueve activamente los derechos humanos y la democracia, y se ha comprometido con ambiciosos objetivos de reducción de emisiones para combatir el cambio climático. La supresión de los controles fronterizos entre los países miembros ha facilitado los viajes y la movilidad laboral dentro del territorio de la UE.

Figura 2.2. Ciudadanía europea.

Tras varias ampliaciones, la UE ha pasado de seis a veintisiete Estados miembros, y hay varios países candidatos a la adhesión que deben cumplir los criterios democráticos, políticos y económicos establecidos por la UE, conocidos como criterios de Copenhague.

El euro es la moneda única de la UE, adoptada por la mayoría de los Estados miembros en 1999. La UE se ha fijado la misión de ofrecer paz, prosperidad y estabilidad a sus ciudadanos, superar las divisiones en el continente, promover un desarrollo económico y social equilibrado y sostenible, y defender los valores compartidos por los europeos, como el desarrollo sostenible y el respeto de los derechos humanos.

Uno de los desafíos de la UE es promover la integración cultural y educativa entre sus ciudadanos/as, facilitando la movilidad y el intercambio de estudiantes, y promoviendo el reconocimiento mutuo de instituciones educativas y títulos profesionales en todos los países miembros. La ciudadanía de la Unión Europea, introducida por el Tratado de Maastricht, garantiza el derecho a circular y residir libremente en el territorio de los Estados miembros para todos los nacionales de un Estado miembro.

La libre circulación de trabajadores/as en la Unión Europea

El derecho a la libre circulación de trabajadores/as en la Unión Europea ha sido un proceso gradual que se ha desarrollado a lo largo del tiempo, adaptándose a las necesidades cambiantes de las personas y del mercado laboral.

Este concepto se originó en el Tratado de Roma de 1957, y más tarde, la Carta Comunitaria de los Derechos Sociales Fundamentales de los/as Trabajadores/as de 1989 sentó las bases del derecho laboral europeo al afirmar que «todo trabajador/a de la UE puede circular libremente por la Comunidad Europea, salvo por limitaciones justificadas por razones de orden público, seguridad pública y salud pública».

Figura 2.3. Bandera de la Unión Europea.

Posteriormente, con el Tratado de la Unión Europea firmado en Maastricht en 1992, se estableció la ciudadanía única y común, y en 2007, con la ratificación del Tratado de Lisboa, se afirmó que «la UE es un espacio de libertad, seguridad y justicia sin fronteras interiores, en el que está garantizada la libre circulación de personas».

Al ejercer el derecho a la libre circulación de trabajadores/as, es importante considerar aspectos relacionados con la Seguridad Social. Los/as ciudadanos/as comunitarios/as que se trasladan a otro Estado miembro para trabajar deben comprender cómo se coordinan y cooperan los sistemas nacionales de Seguridad Social.

Esto implica conocer las normativas y procedimientos para garantizar la protección social adecuada durante su actividad laboral en otro país de la UE.

La libre circulación de trabajadores/as es un derecho fundamental recogido en el artículo 45 del Tratado de Funcionamiento de la Unión Europea (TFUE).

Este principio comunitario establece la abolición de cualquier forma de discriminación por motivos de nacionalidad en lo que respecta al empleo, la remuneración y otras condiciones laborales (artículo 45.2 del TFUE).

En otras palabras, los/as ciudadanos/as de los países miembros de la UE tienen el derecho de buscar empleo en cualquier otro país miembro, recibir un trato equitativo en términos de condiciones laborales, beneficios sociales y fiscales, y también tienen derecho a residir en el Estado miembro donde trabajen, junto con sus familiares.

Figura 2.4. Mapa de Europa.

La movilidad laboral, tanto profesional como geográficamente, se considera un elemento crucial para el progreso económico y social. Facilita la adaptación a las circunstancias cambiantes del mercado laboral y contribuye a alcanzar altos niveles de empleo y un desarrollo equilibrado y sostenible. Además, permite una transición más suave y eficiente ante los cambios en una economía global competitiva. Una mayor movilidad entre los Estados miembros también puede impulsar una mayor integración política dentro de la Unión Europea, fortaleciendo así la cohesión y la cooperación entre los países miembros.

Figura 2.5. Países europeos.

2.2. Red EURES

https://eures.europa.eu/index_es

La red EURES se estableció en 1993 mediante una decisión de la Comisión Europea, que posteriormente fue sustituida por otra en diciembre de 2002, con el propósito de facilitar la libre circulación de trabajadores/as dentro del Espacio Económico Europeo. Esta red, gestionada por la Oficina Europea de Coordinación (OEC), conecta a la Comisión Europea con los servicios públicos de empleo de los países del Espacio Económico Europeo, que abarcan los países miembros de la UE, así como Islandia, Noruega, Liechtenstein, Suiza y otros organismos relevantes.

La composición de la red EURES abarca a los miembros EURES, que incluyen a los servicios públicos de empleo y la Comisión Europea, así como a asociaciones transfronterizas y otros socios interesados en cuestiones laborales, como asociaciones de trabajadores, organizaciones patronales, universidades e instituciones locales y regionales.

El propósito principal de la red EURES es brindar servicios a trabajadores/as, empleadores/as y ciudadanos/as interesados/as en beneficiarse de la libre circulación de personas en Europa. Estos servicios incluyen proporcionar información y asesoramiento sobre oportunidades laborales, tanto en términos de ofertas como de demandas de empleo, así como sobre la situación y evolución del mercado laboral y las condiciones de vida y trabajo en cada país.

En España, la red EURES está compuesta por los servicios públicos de empleo de las comunidades autónomas, los cuales son coordinados por la Oficina Nacional de Coordinación del Servicio Público de Empleo Estatal (SEPE), junto con otros socios miembros. Esta colaboración permite una mayor eficacia en la prestación de servicios y un mejor acceso a información laboral tanto para los/as ciudadanos/as españoles/as como para aquellos/as que deseen trabajar en España.

Desde su inicio en 1994, el programa europeo de movilidad de trabajadores/as ha sido un catalizador para el empleo en el continente, brindando oportunidades a cerca de **cuatro millones de personas en toda Europa**.

EURES, conocido como Servicios Europeos de Empleo, es una red de colaboración que une a los servicios públicos de empleo de los países miembros, contando también con la participación de sindicatos y organizaciones patronales como socios. Su objetivo principal es facilitar la libre circulación de los/as trabajadores/as dentro del Espacio Económico Europeo (EEE), que comprende los veintisiete países de la Unión Europea, junto con Noruega, Liechtenstein e Islandia, además de Suiza.

La red EURES abarca a un total de treinta y un países, incluyendo a potencias económicas como Alemania, Francia e Italia, así como a naciones más pequeñas como Malta y Estonia. Esta diversidad refleja el compromiso compartido de promover la movilidad laboral en toda Europa.

EURES está diseñado para atender tanto a solicitantes de empleo como a empleadores/as interesados/as en reclutar talento internacional. Para aquellos/as que buscan trabajo, la red ofrece información y apoyo para ejercer su derecho a desplazarse dentro de la UE por motivos de estudio o trabajo. Por otro lado, para las empresas que desean contratar a trabajadores/as de otros países miembros, EURES proporciona una plataforma para facilitar este proceso.

Figura 2.6. Mapa de países europeos.

Es importante destacar que EURES es un servicio gratuito tanto para solicitantes de empleo como para empleadores/as, sujeto a las condiciones establecidas por cada Estado miembro de la red. Esta política garantiza un acceso equitativo a las oportunidades laborales en toda Europa y promueve la igualdad de condiciones para todos/as los/as participantes en el mercado laboral europeo.

¿Qué servicios principales ofrece la red EURES?

- Información y asesoramiento sobre ofertas de empleo.

- Información sobre regulación y reconocimiento de estudios, currículum e idiomas.

- Oportunidades de prácticas y aprendizaje.

- Eventos y jornadas de empleo.

El portal EURES no solo proporciona información sobre ofertas de empleo en el Espacio Económico Europeo y Suiza, sino que también ofrece datos sobre las tendencias del mercado laboral en todos los países y regiones de la UE. Además, brinda información práctica sobre las condiciones de vida y trabajo en Europa, y mantiene una base de datos en línea con currículos de solicitantes de empleo.

Las ofertas de empleo en EURES cubren una amplia gama de puestos, incluyendo tanto oportunidades permanentes como temporales. Cada vacante publicada incluye detalles sobre cómo presentar la candidatura y la persona de contacto. En algunos casos, el contacto inicial se realiza a través de un consejero EURES que gestiona la solicitud, mientras que en otros el/la solicitante puede contactar directamente con el/la empleador/a.

Figura 2.7. El Euro acciona nuestra economía.

Las ofertas de empleo en el portal EURES son publicadas por los miembros y socios de EURES, especialmente los servicios públicos de empleo europeos. EURES actúa como una herramienta para que los/as empleadores/as puedan dar a conocer los puestos de trabajo que desean cubrir con trabajadores/as de otros países europeos. Los puestos de trabajo EURES indican un interés particular del/la empleador/a en contratar a trabajadores/as de otros países del continente.

Para aumentar la transparencia del mercado laboral en Europa, todos los empleos anunciados por los servicios públicos de empleo europeos están disponibles para su consulta en el sitio web de EURES. Esto facilita que tanto empleadores/as como solicitantes de empleo puedan encontrar oportunidades que se ajusten a sus necesidades y expectativas.

Además, el portal EURES ofrece recursos adicionales como asesoramiento personalizado y herramientas para la redacción de currículos, preparación de entrevistas y comprensión de los requisitos legales para trabajar en diferentes países.

Una de las acciones más recientes de EURES

El **Targeted Mobility Scheme** (TMS) es una iniciativa respaldada financieramente por la Unión Europea. Su objetivo es brindar asistencia personalizada a la ciudadanía de la UE que busca empleo, prácticas o formación profesional en otro país de la UE, así como en Noruega o Islandia. Además, el programa ayuda a las empresas a encontrar personal motivado y cualificado.

Figura 2.8. Banderas de países de Europa.

EURES Targeted Mobility Scheme está diseñado para apoyar a los solicitantes de empleo a superar los desafíos asociados con trabajar en el extranjero. El programa puede proporcionar asignaciones para fines específicos y financiar cursos de idiomas, el reconocimiento de cualificaciones y los gastos de viaje y manutención.

¿Qué es el EURES Targeted Mobility Scheme?

- Asistencia específica: proporciona apoyo de los servicios nacionales de empleo a personas que buscan trabajo, formación o prácticas en otro país de la UE, Noruega o Islandia.

- Eliminación de obstáculos: aborda de manera equitativa las necesidades de los/as demandantes de empleo para eliminar barreras a la movilidad laboral.

- Apoyo a empleadores/as: ayuda a los empleadores/as de estos países a encontrar trabajadores/as motivados/as y cualificados/as.

- Cobertura financiera: ofrece financiación para cursos de idiomas, reconocimiento de cualificaciones y gastos de viaje y estancia.

¿Quién puede solicitar estas ayudas?

- Demandantes de empleo mayores de 18 años: cualquier persona que busque empleo, prácticas o formación.

- Nacionales y residentes legales: ciudadanos/as de países de la UE, Noruega o Islandia, o cualquier persona que resida legalmente en estos países.

- Independencia de cualificaciones: el programa está abierto a todos/as los/as solicitantes de empleo, sin importar su nivel de cualificación.

Figura 2.9. Movilidad laboral por Europa.

Beneficios del EURES Targeted Mobility Scheme

- Desarrollo de habilidades: los cursos de idiomas y el reconocimiento de cualificaciones ayudan a los/as solicitantes a mejorar sus competencias y a integrarse mejor en el nuevo entorno laboral.

- Apoyo financiero: la financiación para gastos de viaje y estancia reduce las barreras económicas para trabajar en el extranjero.

- Asistencia personalizada: la orientación y el apoyo de los servicios nacionales de empleo ayudan a los/as solicitantes a encontrar oportunidades que se ajusten a sus habilidades y aspiraciones.

- Oportunidades laborales: facilita el acceso a un mercado laboral más amplio, aumentando las posibilidades de encontrar empleo adecuado.

Figura 2.10. Empleo en Europa.

2.3. Demandas de empleo

La solicitud de empleo, o demanda de empleo, es el proceso mediante el cual una persona, ya sea desempleada o no, se dirige a una oficina de los servicios públicos de empleo con el objetivo de encontrar un puesto de trabajo.

Aquellas personas que estén recibiendo o vayan a recibir cualquier tipo de prestación por desempleo tienen la obligación de registrarse como demandantes de empleo.

Tanto las personas empleadas como las desempleadas que utilizan los servicios públicos de empleo tienen derecho a acceder a los servicios incluidos en la cartera común, así como a los servicios complementarios que se determinen.

Estos servicios se ofrecen a través de una atención personalizada, adaptada a las expectativas y necesidades individuales de cada usuario, basada en su perfil laboral.

Derechos de los/as solicitantes de empleo

- **Acceso a la cartera común de servicios**: los/as usuarios/as tienen derecho a recibir los servicios básicos de empleo, como la orientación laboral, formación profesional y apoyo en la búsqueda de empleo.

- **Servicios complementarios**: además de la cartera común, los/as usuarios/as pueden beneficiarse de servicios adicionales específicos que se establezcan para mejorar su empleabilidad y adecuarse mejor a las demandas del mercado laboral.

- **Atención personalizada**: la atención que se proporciona está adaptada a las características personales y profesionales de cada solicitante. Esto incluye el desarrollo de un perfil individual que ayuda a identificar las mejores oportunidades de empleo y formación disponibles.

Figura 2.11. Búsqueda de empleo.

Obligaciones de los demandantes de empleo

- **Registro obligatorio**: para poder recibir prestaciones por desempleo, es necesario registrarse como demandante de empleo. Este registro es un requisito indispensable para acceder a los beneficios y servicios del sistema público de empleo.

- **Participación activa**: los/as solicitantes deben participar activamente en las acciones propuestas por los servicios de empleo, como entrevistas, cursos de formación y programas de inserción laboral.

- **Actualización de datos**: mantener actualizada la información personal y profesional es crucial para recibir una atención adecuada y ajustada a las necesidades cambiantes del mercado laboral.

Beneficios de la inscripción como demandante de empleo

- **Orientación y asesoramiento**: los/as demandantes reciben orientación profesional para mejorar su perfil laboral y aumentar sus oportunidades de empleo.

- **Acceso a formación**: pueden acceder a cursos de formación que mejoren sus habilidades y competencias, facilitando su inserción en el mercado laboral.

- **Oportunidades de empleo**: al estar inscritos/as, tienen acceso prioritario a las ofertas de empleo gestionadas por los servicios públicos de empleo, aumentando sus posibilidades de encontrar un trabajo adecuado a su perfil.

Figura 2.12. Multiplicar oportunidades de empleo.

¿Dónde realizar y solicitar una demanda de empleo?

- En la Oficina de Empleo del Servicio Público de Empleo que les corresponda por su domicilio, presentándose personalmente. La Oficina de Empleo le entregará un justificante de su inscripción.

- Los organismos encargados son el Servicio Público de Empleo Estatal (SEPE), en los territorios de Ceuta y Melilla, y los servicios públicos de empleo de las comunidades autónomas.

- En los territorios de Ceuta y Melilla y en algunas comunidades autónomas también se puede realizar la solicitud en la sede electrónica, a través de la página web del Servicio Público de Empleo correspondiente.

Requisitos

- Tener nacionalidad española o ser nacional de un país miembro de la Unión Europea, o nacional de un país firmante del Acuerdo sobre el Espacio Económico Europeo (Islandia, Noruega o Liechtenstein) o nacional de la Confederación Suiza.

- Ser cónyuge o pareja registrada de una de las personas mencionadas en el apartado anterior, así como descendiente directo o de su cónyuge o pareja, menor de 21 años, o mayor de esa edad a cargo y ascendiente directo de su cónyuge o pareja, a cargo.

- Ser persona extranjera no comunitaria, o extranjera titular de autorización de estancia o residencia con reconocimiento de acceso al mercado nacional de trabajo.

- Estar en edad laboral (más de dieciséis años).

- No tener impedimento para el trabajo para el que se inscribe como demandante de empleo.

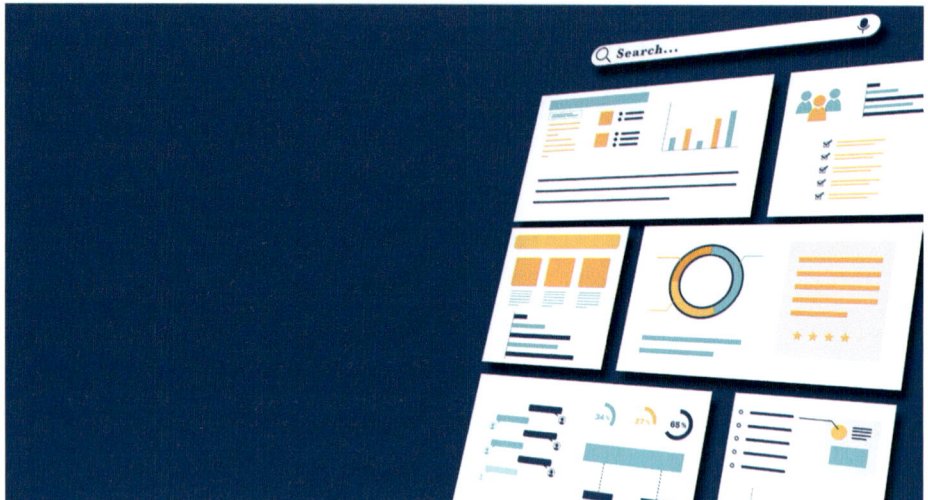
Figura 2.13. Solicitar la demanda de empleo.

Contenido de la demanda de empleo

Al presentar una solicitud de trabajo, se le realiza una entrevista inicial a la persona demandante en la que se recogen los datos necesarios para lograr un mejor encuadramiento profesional. Esta información permite, en caso de ser necesario, iniciar un itinerario personalizado de empleo basado en el perfil profesional, competencias, necesidades y expectativas de la persona demandante.

Este itinerario personalizado requiere la firma de un acuerdo personal de empleo entre la persona solicitante y el Servicio Público de Empleo. Cabe destacar que el itinerario personalizado es un derecho para las personas desempleadas y una obligación para los servicios públicos de empleo.

Durante la entrevista inicial, se recopila una serie de datos fundamentales, entre los que se incluyen:

- **Condiciones de trabajo solicitadas**: se especifican las preferencias respecto a la jornada laboral, horario, tipo de contrato y otras condiciones laborales que sean relevantes para la persona demandante.

- **Zona geográfica de búsqueda de empleo**: se detalla el área geográfica en la que la persona está dispuesta a trabajar, lo que facilita la búsqueda de ofertas de empleo adecuadas.

- **Datos formativos**: se recogen el nivel académico, títulos de formación reglada, certificados de formación ocupacional y conocimientos de idiomas. Todos estos datos deben ser debidamente acreditados para asegurar su validez.

- **Experiencia profesional**: se documenta la experiencia laboral previa, especificando puestos ocupados, responsabilidades y logros alcanzados, lo cual es crucial para identificar las competencias y habilidades adquiridas.

- **Ocupación u ocupaciones solicitadas y nivel profesional**: se especifican las ocupaciones a las que aspira la persona demandante y el nivel profesional que busca, lo que ayuda a orientar la búsqueda hacia oportunidades laborales acordes a sus expectativas y cualificaciones.

Toda esta información se integra en el sistema de información de los servicios públicos de empleo, permitiendo una gestión más eficiente y personalizada de las oportunidades de empleo para cada persona demandante.

Ventajas del itinerario personalizado de empleo

1. **Orientación personalizada**: el itinerario proporciona una guía adaptada a las necesidades y perfil del solicitante, ayudándole a mejorar sus posibilidades de inserción laboral.

2. **Compromiso mutuo**: el acuerdo personal de empleo establece responsabilidades tanto para la persona demandante como para el Servicio Público de Empleo, asegurando un compromiso mutuo en la búsqueda activa de empleo.

3. **Acceso a recursos y servicios**: los solicitantes pueden acceder a diversos recursos y servicios, como cursos de formación, talleres de búsqueda de empleo, asesoramiento profesional y otros programas de apoyo.

4. **Seguimiento continuo**: se realiza un seguimiento periódico del progreso del/la solicitante, ajustando el itinerario según sea necesario para optimizar las oportunidades de empleo.

Obligaciones y derechos

- **Derechos del solicitante**: las personas desempleadas tienen derecho a recibir un itinerario personalizado que les brinde una orientación efectiva y adaptada a sus necesidades.

- **Obligaciones de los servicios públicos de empleo**: Estos servicios tienen la obligación de proporcionar un acompañamiento continuo, asegurando que los/as solicitantes reciban el apoyo necesario para mejorar su empleabilidad.

Figura 2.14. Estar bien informados.

Documentos a que se deben aportar

Las personas trabajadoras, según su nacionalidad, deben presentar los siguientes documentos:

- Personas con nacionalidad española, de un país miembro de la Unión Europea, del Espacio Económico Europeo o de la Confederación Suiza:

    - documento nacional de identidad (DNI) en vigor.

    - Tarjeta de identidad en vigor.

    - Pasaporte en vigor.

- Personas con nacionalidad no comunitaria:

    - Documento vigente que autorice la inscripción como demandante de empleo (permiso de residencia y/o trabajo).

- Justificante de titulación profesional o académica:

    - En caso de poseer alguna titulación profesional o académica, se debe presentar el correspondiente justificante (diploma, certificado, título, etc.).

- Documentación adicional:

    - Cualquier otra documentación que solicite el Servicio Público de Empleo (SPE) necesaria para la gestión de la demanda de empleo.

Detalles adicionales

1. Identificación y autorización: es fundamental presentar documentos de identidad y autorización en vigor para validar la inscripción en el Servicio Público de Empleo, asegurando así la correcta identificación y el cumplimiento de los requisitos legales.

2. Titulaciones y certificaciones: la presentación de títulos y certificados académicos y profesionales es crucial para corroborar las competencias y habilidades de la persona trabajadora, facilitando su encuadramiento profesional y la adecuación de las ofertas de empleo a su perfil.

3. Documentación complementaria: dependiendo de las circunstancias individuales, el Servicio Público de Empleo puede solicitar documentos adicionales que contribuyan a una mejor gestión de la demanda de empleo. Esto puede incluir certificados de cursos de formación, referencias laborales, comprobantes de experiencia profesional, entre otros.

Importancia de la documentación correcta

Aportar la documentación adecuada y en vigor no solo es un requisito legal, sino que también asegura una gestión eficiente y personalizada de la demanda de empleo. Permite que los servicios de empleo ofrezcan asesoramiento y oportunidades laborales ajustadas al perfil y las necesidades de cada persona trabajadora, incrementando sus posibilidades de éxito en el mercado laboral.

Recomendaciones

- Mantener documentos actualizados: es importante asegurarse de que todos los documentos de identidad, autorizaciones y certificados estén actualizados y en vigor antes de realizar la inscripción.

- Consultar requisitos específicos: verificar con el Servicio Público de Empleo los requisitos específicos y la documentación adicional que pueda necesitar según su situación particular.

- Preparar copias: es aconsejable tener copias adicionales de los documentos importantes para facilitar cualquier trámite adicional que pueda surgir durante el proceso de inscripción y búsqueda de empleo.

Figura 2.15. Avanzar en nuestra búsqueda.

2.4. Técnicas de búsqueda de empleo

La búsqueda de empleo es el proceso mediante el cual las personas se integran en el mercado laboral, buscando activamente oportunidades que les permitan desarrollarse profesionalmente y obtener una estabilidad económica. Este proceso no solo se centra en la simple búsqueda de un puesto de trabajo, sino que está guiado por objetivos profesionales específicos que cada persona se plantea en función de sus aspiraciones y habilidades.

Lo principal, es elaborar una estrategia de búsqueda.

- Hay que moverse, es decir, no es suficiente con registrarse en la oficina de empleo

- Será necesario utilizar distintos canales de búsqueda al mismo tiempo, no debemos confiar solamente en uno.

- No podemos renunciar a ninguna forma de encontrar trabajo, pero debemos planificar los pasos a seguir. Debemos multiplicar las posibilidades sin perdernos.

- Si una estrategia de búsqueda no resulta exitosa, cambiarla es la opción más lógica.

También debemos tener en cuenta si conocemos a alguna persona que nos pueda ser de ayuda en nuestra búsqueda, como algún conocido que se mueva en el sector como el de nuestro objetivo y, en general, cualquier amigo/a, vecino/a, familiar... podría ser la persona indicada para saber que estamos buscando un empleo. El boca a boca es muy importante en la tarea de búsqueda. ¡OJO! Esto no es lo mismo que el enchufismo.

Figura 2.16. Buscar empleo activamente.

Es una realidad ampliamente reconocida que las empresas suelen preferir contratar a personas recomendadas por conocidos o familiares antes que a desconocidos. Este vínculo de confianza proporciona a las empresas una sensación de seguridad que no siempre encuentran en otros candidatos. Por lo tanto, los/las demandantes de empleo deben considerar activamente la posibilidad de utilizar sus redes de contactos personales en su búsqueda de trabajo. De hecho, es muy recomendable hacerlo, dadas las evidencias que respaldan esta estrategia.

Para moverse en el mercado de trabajo no existen recetas mágicas. Igual que es imposible obligar a dejar de fumar a aquella persona que no está decidida a hacerlo, es imposible que alguien busque empleo si realmente no se siente motivada para ello. Tanto para dejar de fumar como para encontrar un empleo es necesario que la persona quiera, o más aún: que lo haga **efectivamente**, que se mueva en el sentido más literal de la palabra.

Como demandantes de empleo no podemos esperar a que los/las oferentes nos encuentren, debemos nosotros/as salir en su búsqueda, y de esa forma poner en práctica nuestros conocimientos del mercado de trabajo.

Figura 2.17. Búsqueda activa de empleo.

Generalmente, el principal objetivo de cualquier persona en su búsqueda de empleo es asegurar una posición que ofrezca una remuneración justa y adecuada para cubrir sus necesidades personales y familiares. Sin embargo, más allá de la compensación económica, otros factores también juegan un papel crucial:

1. **Adecuación al perfil profesional**: las personas buscan empleos que se alineen con sus estudios, formación y experiencia previa. Esto no solo garantiza que puedan desempeñar sus funciones de manera eficiente, sino que también les permite aprovechar al máximo sus conocimientos y habilidades.

2. **Oportunidades de crecimiento y aprendizaje**: un trabajo ideal es aquel que no solo proporciona estabilidad económica, sino que también ofrece oportunidades de desarrollo profesional. Esto incluye la posibilidad de adquirir nuevos conocimientos, habilidades y experiencias que enriquezcan el perfil del/la trabajador/a a lo largo del tiempo.

3. **Satisfacción personal y profesional**: la búsqueda de empleo también está motivada por el deseo de encontrar un puesto que aporte satisfacción personal. Esto puede derivarse de un entorno laboral positivo, la posibilidad de realizar un trabajo significativo o la alineación con los valores y metas personales de la persona.

Figura 2.18. Revisar diferentes fuentes de información.

Para maximizar las posibilidades de éxito en la búsqueda de empleo, es importante seguir ciertas estrategias y prácticas recomendadas:

1. **Definir claramente los objetivos profesionales**: antes de iniciar la búsqueda, es crucial tener una idea clara de lo que se busca en un empleo. Esto incluye el tipo de industria, el rol deseado, las expectativas salariales y las oportunidades de crecimiento.

2. **Preparar un currículum y carta de presentación eficientes**: estos documentos deben resaltar las habilidades, experiencias y logros relevantes. Un currículum bien redactado y una carta de presentación personalizada pueden marcar la diferencia a la hora de captar la atención de los/as empleadores/as.

3. **Utilizar plataformas de empleo y redes profesionales**: inscribirse en portales de empleo, participar en ferias laborales y utilizar redes profesionales como LinkedIn puede ampliar significativamente las oportunidades de encontrar un puesto adecuado.

4. **Realizar una autoevaluación y formación continua**: conocer las propias fortalezas y áreas de mejora es esencial. Además, la formación continua a través de cursos, talleres y certificaciones puede aumentar la empleabilidad.

5. **Red de contactos**: construir y mantener una red de contactos profesionales puede abrir puertas a oportunidades de empleo que no siempre están publicadas en plataformas tradicionales.

El proceso de búsqueda de empleo es mucho más que simplemente enviar currículums y asistir a entrevistas. Se trata de un viaje de autodescubrimiento y alineación de tus características, intereses, habilidades, conocimientos y experiencias con el mercado laboral. Al invertir tiempo en conocerte a ti mismo/a, estarás mejor preparado/a para encontrar un empleo que no solo satisfaga tus necesidades económicas, sino que también te brinde una satisfacción personal y profesional duradera.

Figura 2.19. Encontrar el equilibrio entre nuestra vida y nuestro trabajo.

Antes de lanzarte a utilizar las diversas técnicas de búsqueda de empleo, es crucial conocerte a ti mismo/a a fondo. Esto implica un análisis detallado de:

- **Características personales**: rasgos que te definen y que moldean tu percepción de ti mismo/a y cómo te ven los demás.

- **Intereses**: áreas y actividades que te apasionan y que disfrutas hacer.

- **Habilidades y capacidades**: competencias innatas o desarrolladas que te permiten realizar tareas específicas.

- **Conocimientos**: todo aquello que has aprendido a través de la educación formal e informal.

- **Experiencia profesional**: tu historial laboral y las lecciones aprendidas de cada empleo anterior.

Conocer estos aspectos de ti mismo/a tiene un propósito fundamental: hacer que tu búsqueda de empleo sea lo más efectiva posible, aumentando las probabilidades de encontrar el trabajo que deseas.

> Tus características personales son el conjunto de rasgos que te hacen único/a.

Es esencial crear un inventario de estas características, ya que te ayudarán a presentarte de manera auténtica y convincente durante el proceso de búsqueda de empleo. Aunque puede parecer irrelevante al principio, este conocimiento te será valioso cuando te encuentres con empleadores/as que deseen saber más sobre ti para determinar si encajarías bien en su equipo. Conocer tus propias características te permitirá buscar trabajos que se alineen con tu personalidad, lo que no solo te hará más eficiente, sino también más satisfecho/a en tu rol laboral.

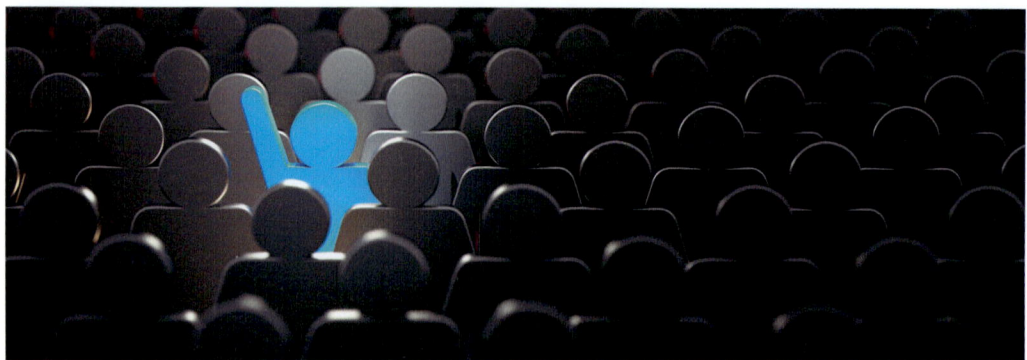

Figura 2.20. Solo tú tienes tus características.

Tus intereses profesionales reflejan las condiciones en las que te sientes más cómodo/a trabajando. Algunas personas prefieren roles que implican muchas interacciones sociales, mientras que otras se inclinan por trabajos más técnicos o rutinarios. Identificar tus intereses te ayudará a encontrar un empleo en el que te sientas motivado/a y comprometido/a, lo que resultará en un mejor desempeño y una mayor satisfacción laboral.

Tus habilidades pueden ser innatas o adquiridas a lo largo del tiempo. Cada persona tiene un conjunto único de habilidades que la hacen adecuada para ciertos tipos de trabajo. Reflexionar sobre tus habilidades antes de comenzar la búsqueda de empleo te permitirá destacar aquellas que son más relevantes para los puestos a los que aspiras. Esto no solo te ayudará a presentarte mejor ante los/as empleadores/as, sino que también te dará una ventaja competitiva al mostrar cómo tus capacidades se alinean con las necesidades del trabajo.

Existen diversos tipos de habilidades, cada una con su propio enfoque y utilidad:

- **Motrices**: habilidades relacionadas con el control y coordinación de movimientos físicos.

- **Intelectuales**: capacidades cognitivas para el pensamiento crítico, resolución de problemas y toma de decisiones.

- **Afectivas**: competencias emocionales que implican la gestión de sentimientos y emociones.

- **Comunicativas**: habilidades para transmitir y recibir información de manera efectiva.

- **Artísticas**: talentos en la creación y apreciación de expresiones artísticas.

- **Sociales**: capacidades para interactuar y relacionarse con otras personas de manera efectiva.

- **Manipulativas**: habilidades prácticas para manejar y controlar objetos con precisión.

Figura 2.21. El autoconocimiento como herramienta fundamental en la búsqueda de empleo.

El conocimiento es esencial para diseñar tu proyecto profesional. A través de tus conocimientos, ya sean adquiridos mediante formación académica (como títulos y grados) o formación no académica (como cursos, talleres y seminarios), así como el autoaprendizaje, puedes identificar y potenciar tus cualidades profesionales.

La experiencia profesional es igualmente crucial. Es una parte fundamental de tu perfil y juega un papel vital al crear herramientas de búsqueda de empleo, como el *curriculum vitae*. Al redactar tu currículum, es necesario realizar un análisis exhaustivo de tu trayectoria laboral, destacando no solo los empleos remunerados, sino también las prácticas, trabajos voluntarios y cualquier otra experiencia relevante.

¿Por dónde empezamos con nuestra estrategia de búsqueda de empleo?

El primer agente laboral con el que hemos de contar en nuestro proceso de búsqueda es el **SEPE**. Este organismo está vinculado directamente tanto a las empresas que ofrecen empleo como a las personas que demandan empleo. Por lo tanto, será nuestra primera opción para comenzar ese proceso de búsqueda.

Otra de las entidades que podemos utilizar en nuestro proceso de búsqueda de empleo son las **ETT** (empresas de trabajo temporal). Son empresas encargadas de poner a disposición de otras empresas, con carácter temporal, trabajadores para su servicio. A diferencia de otras modalidades, las ETT contratan directamente a los/as trabajadores/as y después los ceden a la empresa delegando en ellas la dirección y control del trabajo que se debe desempeñar.

Figura 2.22. Conocer los primeros pasos es fundamental.

Estas empresas no se han ideado para cubrir puestos de trabajo fijos, sino para gestionar las necesidades de empleo temporal que el mercado necesita, por lo que su actividad va a variar en función de las zonas geográficas y de los sectores de actividad que se desarrollen en ellas.

Es importante tener en cuenta, por tanto, a las ETT que desarrollan su actividad en los distintos mercados laborales locales, principalmente en aquellos en los que existan más actividades económicas afectadas por la temporalidad o la estacionalidad (por ejemplo, es el caso del sector servicios). Por otra parte, también es muy importante saber si estas empresas que actúan en un mercado de trabajo local están especializadas en algún sector de actividad concreto (hostelería, comercio, etcétera).

También existe un gran número de entidades públicas que disponen de bolsas de trabajo para cubrir puestos de carácter temporal. Estas bolsas de trabajo son una herramienta fundamental para gestionar las necesidades de personal en diversas áreas del sector público.

Algunas de estas bolsas tienen un carácter general y ofrecen un amplio abanico de plazas. Un ejemplo de esto es la Bolsa de Trabajo de la Junta de Andalucía, que sirve para cubrir temporalmente plazas en cualquiera de sus Consejerías o Departamentos. Estas bolsas permiten a las administraciones contar con personal cualificado de manera rápida y eficiente para suplir bajas, vacaciones u otras necesidades temporales.

Otras bolsas de trabajo están diseñadas para cubrir necesidades en sectores económicos específicos. Un ejemplo claro es el sector de la sanidad pública, donde se necesitan profesionales como médicos, enfermeros y personal auxiliar de manera continua. Estas bolsas garantizan que los servicios de salud puedan mantener su operatividad y calidad, incluso en situaciones de alta demanda o urgencia.

Figura 2.23. Multitud de demandantes de trabajo en el mismo mercado laboral.

Las bolsas de trabajo ofrecen múltiples beneficios tanto para las entidades públicas como para los profesionales:

- **Flexibilidad**: permiten a las Administraciones públicas adaptarse rápidamente a las necesidades cambiantes del personal.

- **Oportunidades de empleo**: ofrecen a los profesionales la oportunidad de acceder a empleos temporales que pueden servir como trampolín hacia puestos permanentes.

- **Variedad de plazas**: las bolsas de carácter general abren un amplio abanico de plazas en diferentes áreas y niveles, lo que aumenta las oportunidades de empleo para los candidatos.

En los últimos años, España ha experimentado un notable incremento en la actividad de la consultoría, con un crecimiento significativo en el número de empresas dedicadas a este sector. Estas consultoras han ido especializándose progresivamente en servicios y sectores específicos de la actividad económica.

Uno de los servicios tradicionales que ofrecen es la realización de procesos de reclutamiento y selección de personal para sus clientes/as. Generalmente, estas empresas se han enfocado en la selección de directivos/as y mandos intermedios, encargándose de llevar a cabo todo el proceso de selección y presentando un informe final al/la cliente/a, quien tiene la decisión final sobre la contratación del/la candidato/a.

Es importante destacar que la realización de estos procesos de selección ha encontrado un nuevo y significativo competidor en Internet, especialmente en el segmento de los mandos intermedios y personal de nuevo acceso. La creciente implantación de Internet en las empresas ha dado lugar a una nueva fórmula de contratación que está haciendo una competencia considerable a las consultoras en esta labor.

Figura 2.24. Todos coincidimos en el mercado laboral.

Para las personas que buscan empleo y se consideran buenos/as candidatos/as, es recomendable presentar su candidatura directamente a las consultoras de selección, independientemente de la respuesta a sus anuncios en prensa.

A través de Internet, es posible consultar las páginas web de estas consultoras y los servicios que ofrecen. Existen numerosas direcciones en la red que facilitan esta búsqueda. En particular, la Asociación de Empresas de Consultoría, cuyo sitio web es www.consultoras.com, permite acceder a las páginas de todas sus empresas asociadas, proporcionando una valiosa herramienta para quienes buscan empleo y desean contactar con estas consultoras.

Figura 2.25. Búsqueda de empleo a través de internet.

¿Qué entendemos por perfil profesional?

El perfil profesional se compone por el conjunto de **capacidades y competencias** que identifica la formación de una persona para el desarrollo óptimo de una profesión determinada.

Podemos concluir que las competencias son:

- Características permanentes de una persona.

- Se ponen de manifiesto cuando se realiza una tarea o trabajo.

- Se relacionan con una actuación exitosa de una actividad.

- Tienen una relación causal con el rendimiento laboral.

- Son generalizadas a más de una actividad.

Una vez que hayamos analizado tanto interna como externamente la situación laboral que tenemos, el siguiente paso es marcarse un camino a seguir.

Este camino en orientación laboral se denomina **itinerario**.

Podemos elaborar un **itinerario formativo** o un **itinerario profesional**.

Podemos elaborar itinerarios formativos y profesionales, tanto para personas que ya tienen una ocupación definida y desean mejorarla, como para aquellas que no tienen aún una ocupación definida y no tienen claro por dónde empezar.

Hay cuatro pasos básicos para el diseño de itinerarios formativos y profesionales:

1. Marcarse un **objetivo profesional**. Si ya se tiene un perfil profesional establecido, el objetivo puede ser mejorar el mismo. Si no se dispone de perfil profesional, el objetivo puede ser conseguir el empleo.

2. **Conocer** en profundidad **la profesión** que deseamos desarrollar. Formación requerida, características personales necesarias, habilidades y actitudes recomendadas, experiencia valorada, funciones y tareas propias del puesto y riesgos profesionales.

3. **Analizar** las fortalezas, debilidades, amenazas y oportunidades de uno/a mismo/a respecto al empleo deseado a través de una matriz DAFO, por ejemplo. (Autoconocimiento).

4. **Valorar** las vías necesarias para adquirir aquellas competencias requeridas para conseguir el objetivo.

Figura 2.26. Un itinerario debe dar pasos adelante.

Para crear un itinerario profesional, debemos relacionarlo con las exigencias del mercado laboral, ayudando a esa persona a aumentar sus posibilidades de inserción laboral. Para ello, necesitarás consultar en Internet los diferentes portales de empleo que existen, así como las páginas de las entidades institucionales de empleo que conocemos.

Elaboraremos un perfil profesional (propio o para otra persona), basándonos en los siguientes puntos:

1. Formación (nivel formativo más alto alcanzado).

2. Experiencia profesional.

3. Habilidades y competencias.

4. Características personales.

A continuación, analizaremos qué se solicita en el mercado laboral para desempeñar el puesto que esa persona persigue, teniendo en cuenta;

1. Objetivo profesional.

2. Formación relacionada con el puesto.

3. Características personales necesarias relacionadas con el puesto.

4. Habilidades y actitudes favorables.

5. Experiencia en la profesión.

Figura 2.27. Elaborar un buen itinerario es fundamental.

2.5. Servicios de empleo: concepto, tipos y acciones

Los servicios públicos de empleo (SPE) son instituciones fundamentales del mercado laboral, que facilitan la participación en el mercado laboral para lograr el pleno empleo.

Un poco de historia sobre el actual SEPE, antiguo INEM

Durante la Transición española, entre las numerosas reformas implementadas, el Real Decreto Ley 36/1978, de 16 de noviembre, desempeñó un papel fundamental en la configuración de la política de empleo en el país.

Este decreto estableció el Instituto Nacional de Empleo (INEM), que posteriormente se rebautizó como Servicio Público de Empleo Estatal (SEPE), marcando así un hito en la historia del sector público español. La creación del INEM representaba la asunción por parte del Estado de la responsabilidad en problemas complejos como el empleo, mediante un organismo encargado de hacer operativas y coherentes las medidas de una política integral de empleo, en el marco del gran acuerdo de concertación social que fueron los Pactos de la Moncloa.

En aquel momento, el INEM absorbió diversas entidades existentes, como el Servicio de Empleo y Acción Formativa, Promoción Profesional Obrera y la Obra de Formación Profesional de la Administración Institucional de Servicios Socioprofesionales. Se configuró como un servicio nacional, público y gratuito, asumiendo la gestión de las prestaciones por desempleo, anteriormente a cargo de la Seguridad Social, y fusionando políticas activas y pasivas de empleo. Esto reflejaba una visión integral de la política de empleo, en consonancia con la vocación democrática del sistema, tal como establece la Constitución, para impulsar el progreso social y económico desde las instituciones.

Figura 2.28. Espacio de trabajo.

En términos prácticos, esto implicó que el INEM comenzara a brindar apoyo a los/as trabajadores/as en la búsqueda de empleo y asistencia a las empresas en la contratación de personal adecuado.

También se encargó de promover la formación de los/as trabajadores/as, gestionar y controlar las prestaciones por desempleo y llevar a cabo cualquier otra acción dentro de la política activa de empleo.

Esta nueva dimensión en la promoción y fomento del empleo convirtió al organismo en un pilar fundamental del dispositivo institucional del Estado, aumentando su intervención en el mercado laboral para mejorar su eficiencia y optimizar las oportunidades de empleo.

Desde sus inicios, este proyecto colectivo contó con la participación de las organizaciones sindicales y empresariales más representativas, reflejando su carácter plural e integrador. La gestión participativa y eficaz se materializó mediante la inclusión de los agentes sociales en los órganos directivos del organismo, mostrando así la voluntad de combinar participación y eficiencia en su gestión.

En los últimos cuarenta años, uno de los cambios más significativos en el ámbito de la política de empleo ha sido la descentralización, con la transferencia de competencias del Estado a las comunidades autónomas (CC. AA.).

Este proceso comenzó en 1991 con la transferencia de la gestión del Plan Nacional de Formación e Inserción Profesional y continuó durante las dos décadas siguientes con la delegación de funciones y servicios a las CC. AA. en materia de legislación laboral y políticas de empleo. Según lo establecido en nuestra Constitución, las CC. AA. asumieron responsabilidades como la formación para personas desempleadas, la intermediación y orientación laboral, programas de fomento del empleo, ejecución y registro de contratos, así como la gestión de subvenciones a la contratación.

Figura 2.29. Selección de personal.

De acuerdo con esta distribución de competencias constitucional, la Administración del Estado se encarga de gestionar y desarrollar servicios y programas de políticas activas de empleo en territorios no transferidos (Ceuta y Melilla), así como aquellos programas no traspasados a las CC. AA., los incentivos de fomento de empleo mediante bonificaciones a la contratación y las acciones formativas realizadas por las empresas para sus trabajadores. Para coordinar este complejo reparto competencial, la Ley 56/2003, de 16 de diciembre, de Empleo, estableció el Sistema Nacional de Empleo (SNE), lo que conllevó el cambio de nombre del INEM por Servicio Público de Empleo Estatal (SEPE).

Actualmente, el SNE está compuesto por el SEPE y los diecisiete servicios públicos de empleo de las CC. AA., que cuentan con más de 23 000 profesionales (8000 en el SEPE y 15 000 en los servicios autonómicos), dedicados a ofrecer un servicio de calidad en el ámbito del empleo.

Para una mejor coordinación del sistema, se establecieron los órganos del SNE: la Conferencia Sectorial de Empleo y Asuntos Laborales, como mecanismo de colaboración y coordinación entre las distintas administraciones territoriales en materia de empleo y formación profesional; y el Consejo General del Sistema Nacional de Empleo, como órgano consultivo y de participación en políticas de empleo y formación profesional en el ámbito laboral.

El SEPE, como eje central del SNE, es un organismo autónomo adscrito al Ministerio de Trabajo y Economía Social. Su responsabilidad principal incluye la gestión de prestaciones por desempleo y la supervisión de programas y medidas de la política de empleo.

Figura 2.30. Atención completa desde las instituciones.

En la prestación de sus servicios, el SEPE se guía por principios fundamentales que rigen su funcionamiento:

- Cultura de servicio a la sociedad española: su actuación se centra en satisfacer las necesidades de una amplia variedad de destinatarios, incluyendo personas ocupadas, desempleadas, emprendedoras, pymes, grandes empresas, jóvenes, desempleados de larga duración, colectivos vulnerables y en riesgo de exclusión. La capacidad y profesionalidad del equipo del SEPE se refleja en su atención diversificada a estos usuarios.

- Transparencia: mantienen una comunicación fluida y continua tanto dentro como fuera de la organización, estableciendo canales de comunicación estables con la red del SNE y la ciudadanía en general.

- Colaboración ágil y eficaz: trabajan en estrecha colaboración con los diversos agentes del SNE para ofrecer el mejor servicio a los/as ciudadanos/as. Identifican necesidades en la oferta y demanda de trabajo, diagnostican deficiencias del sistema y promueven buenas prácticas que contribuyen a mejorar la calidad del servicio en su conjunto.

- Simplificación y racionalización organizativa: el SEPE ha promovido la simplificación y la racionalización en su estructura organizativa, buscando reforzar su capacidad innovadora y mejorar la calidad de su gestión.

El SEPE trabaja por y para la sociedad. La actividad que desarrolla se centra en satisfacer e investigar las necesidades de la población activa:

- Trabajadores/as en activo.

- Trabajadores/as desempleados/as y desempleados/as de larga duración.

- Emprendedores/as que tengan una idea de negocio.

- Jóvenes.

- Empresas.

Figura 2.31. Demandantes de empleo.

Los valores que determinan los principios que el SEPE ha de considerar para alcanzar los objetivos que persigue son los siguientes:

- **Cultura de servicio a la ciudadanía:** el SEPE trabaja por y para la sociedad. La vocación de servicio público de las personas de la organización hace que el nivel de satisfacción aumente con cada usuario satisfecho. Toda la actividad del organismo debe centrarse en investigar las necesidades de sus clientes y orientar el trabajo a satisfacerlas de la manera más eficaz.

- **Capacidad innovadora:** el valor añadido del SEPE lo ponen las personas que trabajan en él, ya que la nueva realidad laboral obliga a la innovación en el tratamiento de la búsqueda y orientación en el empleo. De esta manera, los cambios que adopta la organización tienen un reflejo automático en los/as usuarios/as.

- **Colaboración con los otros agentes:** con el objetivo de ofrecer el mejor servicio al/la ciudadano/a, el SEPE, dada su condición de servicio público, potencia la colaboración con el resto de actores del ámbito laboral y mejora la coordinación con otras instituciones, incluso en Europa.

- **Compromiso con el personal de la organización:** el SEPE cuenta con un equipo con alto nivel de vocación de servicio público. El buen servicio al/la ciudadano/a pasa por una buena gestión de los recursos humanos, cuyas bases son la comunicación, la claridad organizativa, el compromiso con las personas de la organización y su desarrollo profesional. La organización debe dar mucho valor al trabajo en equipo, la colaboración y la mejora de las condiciones de trabajo.

- **Calidad en la gestión:** mediante la calidad se logra trasladar el resto de valores al terreno de la práctica. Dar servicio es hacerlo eficazmente, a tiempo, de forma sostenible y responsable, con iniciativa y mejora continua. La calidad empieza en la detección de las necesidades de los/as clientes/as y continúa en la evaluación de la calidad percibida por ellos/as.

Figura 2.32. Trabajo conjunto entre administraciones.

Los **servicios autonómicos de empleo** se encargan, entre otras cosas, de las políticas activas de empleo (formación, orientación laboral, intermediación, etc.), la renovación de la demanda de empleo, etcétera.

La gestión más frecuente de los servicios autonómicos de empleo es tramitar las altas como demandante de empleo, ya que, para cobrar una prestación por desempleo, subsidio o ayuda extraordinaria, hace falta en primer lugar estar inscrito/a, es decir, apuntado/a al paro.

2.6. La Formación Profesional en España

https://www.todofp.es/inicio.html

En la actualidad, la Formación Profesional (FP) se destaca como una opción educativa que se ajusta estrechamente a las necesidades del mercado laboral. Este enfoque responde a la demanda creciente de personal especializado en diversos sectores profesionales, lo que se refleja en su alta tasa de inserción laboral.

Con más de ciento cincuenta ciclos formativos distribuidos en veintiséis familias profesionales, la FP abarca una amplia gama de opciones educativas que combinan tanto aspectos teóricos como prácticos, adaptados a las exigencias de los diferentes campos profesionales.

La oferta actual de FP comprende 588 certificados profesionales, 174 ciclos formativos (28 de grado básico, 59 de grado medio, 89 de grado superior) y 21 cursos de especialización. Estas opciones se enmarcan dentro del Catálogo Nacional de Cualificaciones Profesionales, que incluye un total de 756 cualificaciones organizadas en 26 áreas profesionales.

Uno de los principales atractivos de la FP radica en su elevada empleabilidad, lo que motiva a muchos jóvenes a optar por estos estudios. Además, su enfoque práctico facilita la transición directa al mercado laboral. Los profesores con experiencia laboral en el área, la colaboración estrecha con el mundo empresarial, la formación bilingüe y multicultural, junto con instalaciones modernas equipadas con la última tecnología, son elementos clave que destacan en la elección de la FP.

Con la reciente aprobación de la Ley Orgánica de Ordenación e Integración de la Formación Profesional, estas titulaciones han ganado aún más relevancia en el mercado laboral. La nueva legislación se ha centrado en alinear los niveles de cualificación de los estudiantes con las demandas del mercado laboral, asegurando una transición fluida al mundo profesional.

Además, se promueve un sistema de FP a lo largo de toda la vida, más accesible y flexible, lo que incentiva a más jóvenes a optar por esta vía educativa. Los programas de estudio se actualizarán para incluir aspectos como la innovación, el emprendimiento, la digitalización y la sostenibilidad, garantizando una formación actualizada y atractiva.

Figura 2.33. Veintiseis familias profesionales en nuestro país.

Uno de los principales atractivos de la FP radica en su elevada empleabilidad, lo que motiva a muchos jóvenes a optar por estos estudios. Además, su enfoque práctico facilita la transición directa al mercado laboral. Los profesores con experiencia laboral en el área, la colaboración estrecha con el mundo empresarial, la formación bilingüe y multicultural, junto con instalaciones modernas equipadas con la última tecnología, son elementos clave que destacan en la elección de la FP.

Con la reciente aprobación de la Ley Orgánica de Ordenación e Integración de la Formación Profesional, estas titulaciones han ganado aún más relevancia en el mercado laboral. La nueva legislación se ha centrado en alinear los niveles de cualificación de los estudiantes con las demandas del mercado laboral, asegurando una transición fluida al mundo profesional.

Además, se promueve un sistema de FP a lo largo de toda la vida, más accesible y flexible, lo que incentiva a más jóvenes a optar por esta vía educativa. Los programas de estudio se actualizarán para incluir aspectos como la innovación, el emprendimiento, la digitalización y la sostenibilidad, garantizando una formación actualizada y atractiva.

Figura 2.34. Acceso a la formación a través de las nuevas tecnologías.

ACTIVIDAD PRÁCTICA

Para poder desarrollar un buen plan de búsqueda de empleo, tenemos que empezar por conocernos en todos los niveles posibles. Aprovechemos para hacer un ejercicio de reflexión y autoconocimiento planteando en la siguiente tabla aquellos aspectos que nos ayuden a desarrollar mejor nuestro propio perfil personal y profesional.

Características personales positivas que me describen			

Características profesionales positivas que me describen			

Fortalezas que tengo frente a otras personas candidatas al puesto al que aspiro	

Aspectos que debo mejorar de cara a obtener el puesto de trabajo al que aspiro	

Desarrollo de emprendedores y autoempleo: desarrollo de emprendedores

El desarrollo de emprendedores impulsa ideas innovadoras y las convierte en proyectos viables que fomentan el crecimiento económico y social. En este tema, se analizan habilidades, actitudes y recursos clave para emprender con éxito, transformando ideas en negocios sostenibles. También se destaca el papel del emprendedor como agente de cambio.

Contenido

3.1. Trabajo por cuenta propia

Tal y como lo define el Instituto Nacional de Empleo, son aquellas personas que llevan su propia empresa o ejercen por su cuenta y con autonomía una profesión liberal, para lo cual pueden a su vez contratar empleados/as a los que remuneran mediante un sueldo.

La distinción básica es la existente entre los/as asalariados/as y los/as trabajadores/as por cuenta propia.

Los/as asalariados/as comprenden a aquellos/as trabajadores/as que desempeñan empleos remunerados, caracterizados por contratos laborales, ya sean verbales o escritos, a través de los cuales reciben una compensación básica. Esta compensación no está directamente ligada a los ingresos generados por la entidad empleadora, que puede ser una empresa, una organización sin fines de lucro, una entidad gubernamental o incluso un hogar. En este tipo de empleo, los/as trabajadores/as pueden utilizar instrumentos, equipos, sistemas de información o instalaciones que son propiedad de terceros, y generalmente operan bajo la supervisión directa o las directrices establecidas por el/la empleador/a o sus representantes.

Por otro lado, los/as trabajadores/as por cuenta propia son aquellos/as cuyos ingresos dependen directamente de los beneficios generados por los bienes y servicios que producen. Estos/as trabajadores/as toman las decisiones operativas que afectan a su negocio y son responsables del éxito o fracaso del mismo.

Figura 3.1. Personas trabajadoras en su empresa.

A diferencia de los/as asalariados/as, los/as trabajadores/as por cuenta propia no están sujetos/as a la dirección o supervisión directa de un/a empleador/a.

Los/as trabajadores/as asalariados con contratos de duración determinada son aquellos/as cuyos empleos finalizan después de un periodo de tiempo específico, ya sea predeterminado o definido por criterios objetivos, como la finalización de una tarea o la ausencia temporal de otro/a empleado/a que están sustituyendo.

En contraste, los/as trabajadores/as por cuenta propia realizan actividades económicas o profesionales de manera habitual, personal y directa, con el objetivo de obtener beneficios. Operan fuera del ámbito de organización y dirección de un tercero y no tienen por qué tener empleados/as a cargo.

Ser trabajador/a por cuenta propia implica una autonomía y una independencia significativas en comparación con el empleo tradicional. Los/as autónomos/as ofrecen sus servicios o productos a terceros/as a cambio de una remuneración económica, pero carecen de una vinculación contractual a largo plazo, no están sujetos/as a un salario recurrente ni pueden ser despedidos/as como lo haría un/a empleado/a tradicional.

Aunque esta independencia puede ser atractiva para muchos/as, también implica asumir riesgos y responsabilidades adicionales en la gestión de su propio negocio. Sin embargo, para muchos/as profesionales autónomos/as, esta libertad y flexibilidad justifican la elección de trabajar por cuenta propia, y, una vez que lo prueban, pocos/as vuelven a optar por el empleo tradicional.

Ser autónomo/a o trabajar por cuenta propia puede ser un desafío considerable, distinto al empleo tradicional, pero cuenta con ventajas significativas que atraen a quienes eligen este camino. Ser autónomo/a implica tener confianza en uno/a mismo/a y estar dispuesto/a a enfrentar diversos desafíos con determinación, paciencia y esfuerzo. Sin embargo, la experiencia demuestra que los beneficios de esta elección pueden ser realmente valiosos.

Figura 3.2. Trabajadores autónomos.

Una de las mayores ventajas de ser autónomo/a es la libertad que ofrece. Como trabajador/a por cuenta propia, tienes el control total sobre tu tiempo. Puedes organizar tu día, tus horas de trabajo y tus compromisos de acuerdo con tus preferencias y necesidades. Esta flexibilidad te permite seleccionar los proyectos y clientes/as que deseas, lo que contribuye a tu desarrollo profesional y personal.

Además, los/as trabajadores/as autónomos/as tienen una serie de derechos individuales que garantizan su igualdad ante la ley y protegen su integridad física, dignidad y bienestar. Estos derechos incluyen la libertad para elegir su profesión u oficio, la igualdad de oportunidades sin discriminación por diversas razones, como discapacidad o edad, y el derecho a recibir una compensación justa y puntual por su trabajo.

Asimismo, los/as trabajadores/as por cuenta propia tienen derecho a conciliar su vida profesional con su vida personal y familiar, así como a recibir asistencia y prestaciones sociales en situaciones de necesidad, de acuerdo con la legislación vigente.

Los deberes profesionales básicos de los/as trabajadores/as autónomos/as son los siguientes:

- Las obligaciones derivadas de los contratos por ellos/as celebrados a tenor de los mismos y con las consecuencias que, según su naturaleza, sean conformes a la buena fe, a los usos y a la ley.

- Las obligaciones en materia de seguridad y salud laborales que la ley o los contratos que tengan suscritos les impongan, así como seguir las normas de carácter colectivo derivadas del lugar de prestación de servicios.

- Afiliarse, comunicar las altas y bajas y cotizar al régimen de la Seguridad Social en los términos previstos en la legislación correspondiente.

- Las obligaciones fiscales y tributarias establecidas legalmente.

- El cumplimiento de las normas deontológicas aplicables a su profesión.

- Cualesquiera otras obligaciones derivadas de la legislación aplicable.

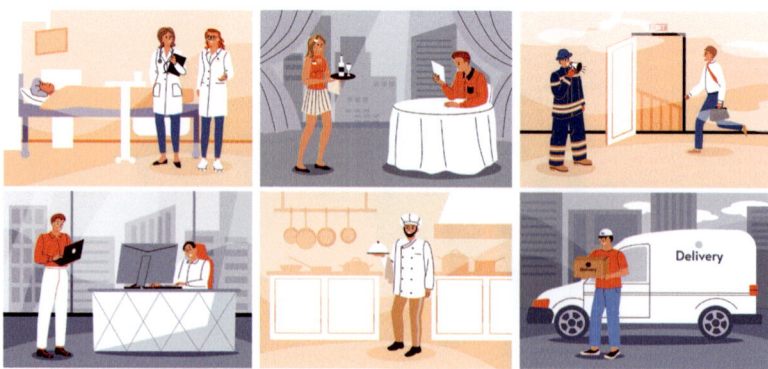

Figura 3.3. Distintos tipos de trabajos.

3.2. Trabajo asociado: concepto y tipos

El trabajo asociado son organizaciones que buscan proporcionar empleo a sus socios mediante su esfuerzo directo, ya sea a tiempo parcial o completo, a través de la colaboración en la producción de bienes o servicios para terceros.

Más allá de generar riqueza, las cooperativas están arraigadas en valores fundamentales y persiguen objetivos sociales. Estos principios se reflejan en su compromiso con la equidad, la igualdad y la justicia social, lo que las convierte en agentes de cambio en la construcción de un mundo más justo y solidario.

Existen diferentes tipos de cooperativas, cada una orientada hacia un ámbito específico de actividad. Cada una de ellas tiene su propio propósito y estructura, pero comparten el mismo enfoque centrado en la cooperación y la participación activa de sus miembros.

Figura 3.4. Cooperativas.

Las sociedades cooperativas de primer grado podrán clasificarse de la siguiente forma:

- Cooperativas de trabajo asociado.
- Cooperativas de consumidores y usuarios.
- Cooperativas de viviendas.
- Cooperativas agroalimentarias.
- Cooperativas de explotación comunitaria de la tierra.
- Cooperativas de servicios.
- Cooperativas del mar.
- Cooperativas de transportistas.
- Cooperativas de seguros.
- Cooperativas sanitarias.
- Cooperativas de enseñanza.
- Cooperativas de crédito.

¿Quiénes pueden formar parte de una cooperativa?

La respuesta es variada, ya que tanto personas físicas como jurídicas, públicas o privadas, e incluso comunidades de bienes, pueden ser socios de una cooperativa. Los requisitos para ser socio están definidos en los estatutos de la cooperativa, de acuerdo con la legislación vigente.

En cuanto al número mínimo de socios/as, las cooperativas de primer grado deben contar con al menos tres socios/as, a menos que se establezca otro mínimo específico. Por su parte, las cooperativas de segundo grado requieren al menos dos cooperativas como socios fundadores.

Además de los/as socios/as activos/as, las cooperativas pueden contar con socios colaboradores, quienes contribuyen al desarrollo de la cooperativa sin participar directamente en su actividad principal. Estos socios/as colaboradores pueden ser personas físicas o jurídicas y están sujetos a ciertas condiciones establecidas por la asamblea general de la cooperativa.

En cuanto al régimen fiscal, las cooperativas se dividen en dos grupos: las especialmente protegidas, como las de trabajo asociado o agroalimentarias, y las protegidas, que incluyen el resto de las cooperativas. Este régimen fiscal diferenciado reconoce la naturaleza particular de las cooperativas y proporciona ciertos beneficios fiscales para promover su desarrollo y sostenibilidad.

Figura 3.5. En una cooperativa todas las personas aportan.

ACTIVIDAD PRÁCTICA

Veamos cuánto sabes del autoempleo en tu ciudad.

Busca información sobre los siguientes apartados para saber qué oportunidades puedes encontrar cerca de ti y emprender tu propio negocio o empresa.

- ¿Qué entidades existen para informarte acerca del autoempleo?

- ¿Hay viveros de empresas?

- ¿Qué ayudas económicas puedes encontrar para iniciar tu propio autoempleo?

- ¿Tienes personas conocidas que sean autónomas o que se hayan convertido en empresarias?

- ¿Sabes cómo lo hicieron?

- ¿Qué redes de contacto profesional puedes consultar para tener información sobre el autoempleo en tu sector?

Una vez recogida esta información, plantéate como hipótesis qué pasos deberías dar y en qué orden para poder ejercer tu profesión como persona autónoma o montar tu propio negocio dentro de tu sector.

4

La cultura empresarial

La cultura empresarial es el conjunto de valores, normas y prácticas que define la identidad y el funcionamiento de una organización. Este tema aborda cómo los principios fundamentales de una empresa influyen en su toma de decisiones, clima laboral y relación con su entorno. Se analizará la importancia de construir una cultura sólida que fomente la innovación, el compromiso y la sostenibilidad, aspectos esenciales para destacar en un mercado competitivo.

La cultura empresarial es el conjunto de valores, ideales, actitudes y objetivos que caracterizan a una organización. Estos elementos intangibles son fundamentales, ya que dictan cómo debe operar el equipo. De muchas maneras, la cultura empresarial se convierte en parte de la identidad misma de la empresa.

La cultura corporativa se origina en los/as fundadores/as y directivos/as de la empresa.

Es crucial que los/as líderes de la organización comprendan la importancia y los beneficios que la cultura corporativa aporta a la empresa. Este conocimiento no solo ayuda a fomentar un ambiente de trabajo positivo, sino que también contribuye al éxito y la cohesión del equipo.

La cultura empresarial define la personalidad y el ideario de una organización. Esta identidad cultural se refleja en todas las acciones de los/as empleados/as, desde cómo se comunican con los/as clientes/as, hasta cómo interactúan entre ellos/as. Asimismo, influye en las prioridades y en la toma de decisiones dentro de la empresa.

Así que, no solo guía el comportamiento y las actitudes de los/as empleados/as de una empresa, sino que también moldea la forma en que dicha empresa es percibida tanto interna como externamente.

Figura 4.1. Edificios de empresas.

4.1. La empresa como estructura básica en el sistema productivo

El objetivo principal de una empresa es producir bienes y servicios para satisfacer las necesidades específicas del mercado. A largo plazo, especialmente en el caso de las empresas comerciales, su propósito es generar beneficios o ganancias para sus propietarios.

Una empresa se puede definir como una unidad formada por un grupo de personas, bienes materiales y financieros, con el objetivo de producir algo o prestar un servicio que cubra una necesidad y por el que se obtengan beneficios.

Las empresas desempeñan un papel fundamental en la producción de bienes y servicios que se ofrecen en el mercado. Esta actividad económica productiva implica la transformación de materias primas y productos semielaborados en bienes finales, utilizando trabajo, capital y otros factores de producción.

En esencia, las empresas son motores de la economía que convierten recursos básicos en productos de mayor valor. Este proceso no solo satisface la demanda del mercado, sino que también impulsa el crecimiento económico y la innovación. Al emplear una combinación de trabajo humano, tecnología y capital, las empresas pueden aumentar la eficiencia y la productividad, lo que a su vez puede llevar a una mayor competitividad en el mercado global.

Además, las ganancias obtenidas por las empresas no solo benefician a sus propietarios/as, sino que también pueden reinvertirse en la empresa para fomentar el desarrollo y la expansión futura.

Un **sistema productivo,** o **sistema de producción,** se puede definir como el conjunto de procedimientos y factores que permiten transformar materia prima en productos terminados listos para el consumo.

Entre estos factores se incluyen la materia prima, los/as trabajadores/as, las maquinarias, las tecnologías, así como la gestión y los procesos involucrados en la producción.

Los aspectos fundamentales que debemos contemplar aquí serían los siguientes:

- **Gestión eficiente**: una gestión eficiente del sistema de producción es fundamental para el éxito y la competitividad en el mercado.
- **Adaptación de sistemas**: cada empresa desarrolla su propio sistema de producción para hacer el proceso más efectivo y rentable.

Por lo tanto, el sistema de producción es el método mediante el cual una empresa utiliza y combina diversos recursos, como materiales, tecnología y trabajo humano, para crear bienes y servicios. Este sistema funciona como una receta que la empresa sigue para transformar los «ingredientes» (los recursos) en un producto final listo para ser comercializado.

Cada empresa tiene su propia «receta», o método de operar, siempre buscando la manera más eficiente de utilizar sus recursos para mantenerse competitiva y generar ganancias. Por tanto, el sistema de producción es esencial para cualquier empresa que aspire a tener éxito y crecer en el mercado.

Un sistema de producción bien diseñado y gestionado no solo optimiza el uso de los recursos, sino que también puede mejorar la calidad del producto, reducir los costos y aumentar la satisfacción del/la cliente/a. Además, permite a la empresa adaptarse rápidamente a cambios en la demanda del mercado o a innovaciones tecnológicas, lo que es crucial en un entorno empresarial dinámico y competitivo.

Figura 4.2. Empresas de diferentes sectores.

¿Qué pasos se siguen en un sistema de producción?

El sistema de producción sigue una serie de pasos esenciales para transformar materias primas en productos finales listos para el consumo. Estos pasos son:

1. **Entrada de factores de producción**

   El proceso comienza con la entrada y combinación de varios factores de producción: materias primas, mano de obra, energía, capital y conocimientos especializados (*know-how*). Estos elementos son esenciales para iniciar el proceso productivo.

2. **Proceso de transformación**

   A continuación, los recursos, o factores de producción, se someten a un proceso de transformación. Durante esta fase, los materiales y componentes se convierten en productos que estarán destinados a satisfacer las necesidades del mercado.

3. **Salida de productos**

   Finalmente, el sistema de producción culmina con la salida de los bienes y servicios terminados, que están listos para ser ofrecidos en el mercado.

El objetivo principal de un sistema de producción es maximizar la cantidad de bienes y servicios producidos minimizando los costos. Esto se logra mediante una combinación eficiente de materias primas, mano de obra, equipos y tecnología.

Las empresas son fundamentales en la estructura de los mercados y el bienestar de la sociedad depende en gran medida de sus resultados. La relación entre las personas y las empresas va más allá del empleo o el consumo, ya que las acciones diarias de ambos elementos tienen un impacto mutuo. Los hábitos de consumo de las personas, es decir, sus decisiones de gastar o ahorrar, afectan directamente los ingresos de las empresas. Y, a su vez, las empresas generan competencia en los mercados, lo que mejora la cantidad y la calidad de la oferta disponible para las personas.

Para que una empresa tenga éxito y contribuya al bienestar económico general, es fundamental prestar atención a cuatro factores cruciales:

1. **Producto (bienes o servicios)**: el producto es el núcleo de una empresa. Es esencial mantener su calidad y buscar continuamente formas de mejorarlo y hacerlo más competitivo.

2. *Marketing*: el *marketing* es vital para la promoción y venta de productos. Las estrategias de *marketing*, que pueden ir desde costosas campañas publicitarias hasta métodos más creativos y económicos, son esenciales para atraer y retener clientes.

3. **Financiación**: la financiación es necesaria para iniciar y mantener la actividad empresarial. Puede ser interna (generada por la propia empresa) o externa (a través de bancos, créditos, etc.). La financiación externa, en particular, es exigente y solo se destina a proyectos convincentes, siendo especialmente desafiante en tiempos de crisis económica.

4. **Productividad**: la productividad mide la eficiencia con la que se utilizan los recursos para generar producción. Una alta productividad significa que se producen más bienes con menos recursos y tiempo. Esto se logra mediante una buena gestión, sistemas operativos eficientes y maquinaria actualizada.

La productividad es un indicador crucial del éxito empresarial. Una empresa con alta productividad puede lograr más objetivos en menos tiempo, lo que se traduce en menores costos y mayor competitividad. En España, a pesar de tener una alta cantidad de horas trabajadas, la productividad puede ser menor comparada con otros países desarrollados, lo que sugiere una oportunidad para mejorar la eficiencia y reducir la jornada laboral sin afectar a la producción.

Figura 4.3. Planes de producción.

4.2. Diversidad de las empresas: criterios de clasificación, jurídicos, económicos y técnicos

En términos generales, las empresas pueden clasificarse en dos categorías principales según su estructura y propiedad:

- **Empresas individuales:** estas empresas son propiedad de una sola persona. En este grupo se incluyen las empresas de autónomos y las sociedades civiles privadas. El/la propietario/a único/a tiene control total sobre la empresa y es responsable de todas las decisiones y obligaciones financieras.

  Las empresas individuales son típicamente más fáciles de establecer y gestionar debido a su estructura simple. El/la propietario/a tiene el control completo sobre la operación y las ganancias de la empresa. Sin embargo, esta simplicidad también implica que el/la propietario/a asume todo el riesgo financiero, ya que no hay distinción legal entre sus activos personales y los de la empresa.

- **Empresas societarias:** estas empresas tienen una personalidad jurídica distinta a la de sus propietarios/as o socios/as. Para formalizar su existencia, deben estar inscritas en el Registro Mercantil y constituidas mediante una escritura pública. Algunos ejemplos de empresas societarias incluyen las sociedades civiles públicas, las sociedades de responsabilidad limitada (SRL) y las cooperativas.

  Las empresas societarias, por otro lado, ofrecen varias ventajas, incluida la responsabilidad limitada, donde los socios o accionistas no son personalmente responsables de las deudas de la empresa más allá de su inversión en ella.

Figura 4.4. Diferentes tipos de personas miembros de empresas.

Este tipo de estructura puede atraer más inversión debido a la mayor seguridad financiera y la capacidad de compartir el riesgo entre varios socios.

- **Sociedades civiles públicas**: estas son acuerdos entre dos o más personas para llevar a cabo un negocio con fines de lucro. Aunque tienen una estructura formal, pueden ser menos reguladas que otras formas societarias.

- **Sociedades de responsabilidad limitada (SRL)**: en una SRL, los/as socios/as limitan su responsabilidad al capital aportado. Este tipo de sociedad es común entre pequeñas y medianas empresas, proporcionando un equilibrio entre la gestión flexible y la protección legal.

- **Cooperativas**: son empresas de propiedad conjunta y gestionadas democráticamente por sus miembros. Las cooperativas se centran en satisfacer las necesidades de sus miembros en lugar de generar beneficios para inversionistas externos. Ejemplos comunes incluyen cooperativas agrícolas, de consumo y de servicios.

La inscripción en el Registro Mercantil y la formalización a través de una escritura pública son procesos cruciales para las empresas societarias. Estos pasos no solo legalizan la existencia de la empresa, sino que también proporcionan transparencia y credibilidad en el mercado, facilitando la obtención de financiamiento y la celebración de contratos con otras entidades.

Figura 4.5. Idea empresarial.

Tipos de empresas según su personalidad jurídica

La elección de la forma jurídica de una empresa afecta varios aspectos clave:

- **Afiliación a la Seguridad Social**: determina el régimen de afiliación y las contribuciones a la Seguridad Social.

- **Obligaciones fiscales y contables**: define los impuestos que se deben pagar y las normas contables que hay que seguir.

- **Responsabilidad frente a terceros**: establece el grado de responsabilidad de los/as propietarios/as ante deudas y obligaciones.

- **Inversión inicial**: especifica los requisitos de capital para iniciar la empresa.

Tipos comunes de empresas y sociedades en España

Autónomo/a o empresario/a individual

Este tipo de empresa es ideal para emprendedores/as que desean iniciar un proyecto con una inversión modesta. Las ventajas incluyen gestión personal, menos trámites administrativos y menores costos de constitución, ya que no requiere inscripción en el Registro Mercantil. Sin embargo, el/la propietario/a tiene responsabilidad ilimitada, respondiendo con su patrimonio personal. La tributación se realiza a través del IRPF, que es progresivo.

Comunidad de bienes

Este modelo es adecuado para dos o más autónomos/as que desean emprender juntos/as. Se formaliza mediante un contrato privado sin necesidad de inscripción en el Registro Mercantil, a menos que se aporten bienes inmuebles. Los/as socios/as, denominados comuneros/as, mantienen su estatus de autónomos/as y tributan por IRPF. No requiere capital mínimo inicial.

Sociedad civil

La sociedad civil permite a varios/as autónomos/as emprender un negocio conjunto sin necesidad de capital inicial. Se formaliza a través de un contrato privado y tributa por el Impuesto sobre Sociedades. Los/as socios/as tienen responsabilidad ilimitada.

Sociedades limitadas (SL)

Estas tienen una personalidad jurídica distinta y requieren un capital mínimo de 3000 euros, dividido en participaciones sociales. La responsabilidad de los/as socios/as está limitada al capital aportado. Tributan por el impuesto de sociedades, y a partir de 40 000 euros de beneficios, los impuestos son menores comparados con los de un/a autónomo/a.

Sociedades anónimas (SA)

Las SA son ideales para grandes negocios y cotizan en la bolsa. Requieren un capital mínimo de 60 000 euros, dividido en acciones transferibles libremente. Los/as socios/as tienen responsabilidad limitada al capital aportado. Tributan el 25 % de sus beneficios por el impuesto de sociedades y necesitan cumplir con auditorías y presentaciones de cuentas anuales.

Sociedades laborales

Pueden ser anónimas o limitadas y deben tener al menos cuatro socios/as. Los/as empleados/as deben poseer al menos el 51 % de las acciones. La responsabilidad está limitada al capital aportado y tributan por el impuesto de sociedades al 25 % de sus beneficios.

Sociedades cooperativas

Estas sociedades, formadas por un mínimo de tres socios/as, están orientadas a fines sociales y no lucrativos. Los beneficios se reinvierten en la empresa y en fondos de reserva. Tributan solo el 20 % de sus beneficios por el impuesto de sociedades y su responsabilidad está generalmente limitada al capital aportado, aunque puede modificarse estatutariamente.

4.3. Estructura y funciones básicas de la empresa

La estructura empresarial es el marco organizativo que define cómo se establecen los puestos de trabajo y los departamentos dentro de una empresa. Esta estructura también determina los diferentes niveles de autoridad y responsabilidad, así como la interacción entre estos niveles, abarcando tanto el flujo de mando como el flujo de información.

Los elementos clave de la estructura empresarial serían los siguientes:

- **Puestos de trabajo y departamentos**: la estructura empresarial especifica las diversas funciones y áreas dentro de la empresa.

- **Niveles de autoridad y responsabilidad**: se definen jerarquías y responsabilidades, asegurando que todos los miembros del equipo comprendan su papel y obligaciones.

- **Interacción y comunicación**: establece cómo se comunican y colaboran los diferentes niveles dentro de la empresa, tanto vertical como horizontalmente.

Definir cómo se organiza una empresa y sus trabajadores/as es crucial para alcanzar los objetivos establecidos. Cada tipo de negocio necesita una estructura organizativa única que se adapte a sus necesidades y metas específicas.

La estructura empresarial no solo establece la titularidad de un negocio, sino que también identifica los departamentos donde se desarrollan las actividades de control y mando. Este proceso de jerarquización y reparto de responsabilidades es esencial para el funcionamiento eficaz de cualquier proyecto con fines lucrativos.

Figura 4.6. Sectores empresariales.

¿Cuáles serían las funciones de una estructura empresarial?

- **División de actividades**: permite dividir las múltiples acciones o actividades diarias de la empresa en áreas específicas, facilitando la organización y coordinación.

- **Establecimiento de cadenas de mando**: define claramente las líneas de autoridad, mejorando la cooperación y coordinación entre los diferentes departamentos.

- **Herramienta estratégica**: es una herramienta fundamental para fijar y ejecutar una estrategia empresarial efectiva.

Es crucial que la estructura empresarial tenga la capacidad de adaptarse a los cambios y evoluciones del entorno empresarial. Esto permite a la empresa seguir siendo competitiva y orientada hacia el crecimiento y la consecución de beneficios.

Existen diversos tipos de estructuras organizativas, que varían según los objetivos, los recursos disponibles y el sector económico en el que opere la empresa. La forma en que se plantea y diseña la estructura, es determinante para el éxito o fracaso en la consecución de los resultados esperados.

Una asignación eficiente y correcta de responsabilidades permite que todos los departamentos de una empresa comprendan claramente sus funciones y obligaciones. Esto facilita el reparto de tareas y la especialización, contribuyendo al bien común de la empresa.

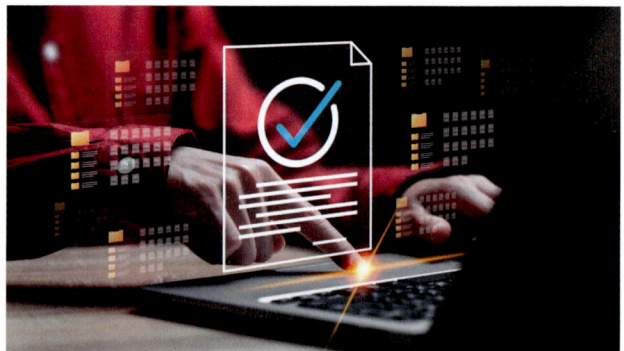

Figura 4.7. Asignación eficiente de tareas en la empresa.

Las estructuras organizativas se representan comúnmente a través de organigramas lineofuncionales. Estos organigramas ofrecen una representación gráfica de la división del trabajo, las líneas de autoridad y los canales de comunicación dentro de una empresa.

Existen varias normas que se aplican a todos los organigramas:

- **Representación de cargos**: los cargos se encierran en rectángulos, proporcionando una clara visualización de las posiciones dentro de la empresa.

- **Líneas de autoridad**: las líneas de autoridad se dibujan saliendo de la parte inferior de los rectángulos, indicando claramente las relaciones jerárquicas.

- **Identificación de responsables**: se incluyen los nombres de las personas a cargo de cada puesto, asegurando que todos/as conozcan a sus superiores y subordinados/as directos/as.

Además de las normas básicas, los organigramas pueden incluir información adicional relevante, como:

- **Datos de contacto**: números de teléfono y direcciones de correo electrónico de los responsables, facilitando la comunicación interna.

- **Funciones específicas**: descripciones breves de las responsabilidades de cada puesto, proporcionando una visión más completa de las funciones dentro de la organización.

El uso de organigramas presenta varias ventajas importantes:

- **Claridad en la información**: la representación gráfica asegura que la estructura organizativa sea fácilmente comprensible para todos/as los/as empleados/as.

- **Evita duplicidades**: al proporcionar una visión clara de la estructura y las responsabilidades, los organigramas ayudan a evitar la duplicación de funciones y tareas.

- **Facilita la comunicación**: la inclusión de datos de contacto mejora la comunicación interna, haciendo que sea más fácil localizar y contactar a los/as responsables de cada área.

- **Gestión eficiente**: estos organigramas permiten una gestión más eficiente al definir claramente las líneas de mando y las relaciones jerárquicas.

Es importante que los organigramas se mantengan **actualizados** para reflejar cualquier cambio en la estructura organizativa. Esto asegura que la información sea precisa y relevante, ayudando a mantener una comunicación efectiva y una gestión adecuada. La adaptabilidad de los organigramas también es crucial para responder a cambios en el entorno empresarial, como expansiones, fusiones o reestructuraciones.

Figura 4.8. Organigrama de empresa.

4.4. La actividad comercial de la empresa

Las actividades comerciales son la base de toda economía, posibilitando la viabilidad de los países y asegurando que los habitantes dispongan de los productos y servicios necesarios para vivir, entretenerse y desarrollarse como personas.

Estas actividades son esenciales y tienen un futuro prometedor, ya que en nuestra sociedad de consumo, la cantidad de productos y servicios disponibles crece continuamente, al igual que el número de empresas que buscan oportunidades en diversos sectores productivos.

> La actividad comercial se refiere al proceso de compra y venta de bienes y servicios, que comienza cuando el/la comerciante adquiere su mercancía o desarrolla su servicio y culmina cuando estos llegan al consumidor/a final. Este proceso incluye una amplia gama de operaciones, desde la venta de comida, hasta la adquisición de grandes cantidades de materias primas para la producción industrial a gran escala.

La actividad comercial es fundamental para la estabilidad económica de cualquier región. A través del comercio, se suministran los servicios, alimentos, bienes y artículos que los/as consumidores necesitan, satisfaciendo sus necesidades básicas y generando ganancias al mismo tiempo.

Además, las actividades comerciales son cruciales para el Estado, ya que crean puestos de trabajo que contribuyen al buen funcionamiento de la economía. La capacidad de generar empleo y mantener el flujo de bienes y servicios es vital para el desarrollo económico sostenible.

Debido a la amplitud del mundo comercial, se ha desarrollado un sistema de clasificación para organizar mejor el ámbito comercial, tanto en el ámbito nacional como internacional. Esta clasificación es esencial para los registros mercantiles y para mantener un orden en las diversas actividades comerciales que se realizan.

Estas se clasifican de acuerdo con el área productiva, el tipo de empresa y el tipo de comercio.

Según el área productiva

- Actividad primaria: se ocupa de explotar o crear recursos naturales en los campos de la ganadería, pesca, minería y agricultura.

- Actividad secundaria: procesa los bienes recibidos de la actividad primaria para ser comercializados en el mercado y ayudar al crecimiento del territorio.

- Actividad terciaria: se dedica a prestar servicios bancarios, de telecomunicaciones y turísticos.

Figura 4.9. Actividad comercial de logística.

Según el tipo de empresa

■ Pública: se refiere a la actividad comercial gestionada por el gobierno de una nación, con el objetivo de ofrecer facilidades de pago o precios más asequibles para que toda la población pueda acceder a productos o servicios.

■ Semipública: describe la actividad comercial en la cual las inversiones y las ganancias son compartidas entre el gobierno y empresas privadas asociadas. Este tipo de actividades a menudo se denominan subsidiadas por el Estado.

■ Privada: implica que los/as propietarios/as de las empresas son también los/as accionistas y quienes reciben los beneficios económicos generados por la actividad comercial.

Figura 4.10. Parte del sector primario.

Según el tipo de comercio

- **Comercio nacional:** hace referencia a las transacciones comerciales que ocurren entre individuos o entidades dentro de un mismo país y bajo la misma legislación comercial.

- **Comercio internacional:** implica las operaciones comerciales que se llevan a cabo entre dos países, donde uno actúa como comprador y el otro como vendedor.

- **Comercio electrónico:** también denominado *e-commerce*, consiste en la compra y venta de bienes o servicios a través de Internet, ya sea en plataformas de redes sociales o sitios web. Las empresas con presencia física pueden establecer tiendas en línea para ampliar su alcance y aumentar sus ventas.

¿Cuáles son las características de las actividades comerciales?

- **Participación de dos partes:** involucran a una persona, empresa, comercio u organización que ofrece el producto o servicio y a otra que lo compra.

- **Intercambio monetario:** el dinero es el medio de cambio principal.

- **Antigüedad del proceso:** las actividades comerciales son tan antiguas como el trueque, desempeñando un papel crucial en la economía y el abastecimiento de las comunidades desde tiempos remotos.

- **Columna vertebral de la economía:** estas actividades son fundamentales para la economía y la riqueza de un territorio.

- **Inclusión de actividades no formales:** no es necesario tener una empresa legalmente constituida para participar en una actividad comercial; cualquier tipo de compra o comercialización de producto se incluye en este proceso.

- **Amplio alcance:** las actividades comerciales pueden originarse en un territorio determinado y extenderse hacia las exportaciones, alcanzando mercados internacionales.

Figura 4.11. Actividad comercial.

ACTIVIDAD PRÁCTICA

Como personas consumidoras de diferentes productos, tendemos a buscar el mejor producto, que mejor se ajuste a nuestras necesidades y que tenga el mejor precio posible.

Pero en este caso, vamos a plantear la actividad al revés de como lo haríamos en nuestra vida cotidiana y real.

La idea es la de generar un producto que en realidad no tenga ninguna utilidad o que resulte absurdo tener o comprar, para ver cómo hasta en estos casos, la actividad comercial puede tener éxito.

Piensa en unas gafas sin cristales. *A priori*... puede ser muy moderno, o un accesorio que algunas personas de hecho llevan, pero realmente, no tiene una utilidad más allá de la parte estética. ¿Crees que podría llegar a venderse de forma masiva?

Pues esa es la base de la actividad que propondremos en este caso. En pequeños grupos tendrán que crear un producto que pueda resultar inútil de inicio, pero sobre el que desarrollarán los aspectos principales de la actividad comercial de cualquier empresa.

Desde el nombre del producto, su descripción, su propia publicidad e incluso una escenificación de la venta como si estuviéramos en un canal de teletienda donde deberán enganchar y convencer al resto de la clase para comprarlo hipotéticamente.

Una vez que se hayan presentado todos los productos, el resto de grupos deberá votar por cuál les ha parecido más interesante, atractivo, innovador, o que sencillamente les ha hecho tanta gracia que llegarían a comprarlo, aunque fuese para hacer una broma.

Glosario

- Agentes sociales: sindicatos y asociaciones empresariales que participan en la negociación laboral.
- Autoempleo: trabajo desarrollado por cuenta propia, sin empleador externo.
- Autoevaluación profesional: análisis personal de fortalezas y áreas de mejora en el ámbito laboral.
- Carta de presentación: documento que acompaña al CV para destacar habilidades y motivaciones.
- Contrato de trabajo: acuerdo entre trabajador y empleador con condiciones específicas.
- Cultura empresarial: valores y prácticas que definen la identidad de una empresa.
- *Curriculum vitae* (CV): documento que resume experiencia, formación y habilidades laborales.
- Empleabilidad: conjunto de habilidades y conocimientos que facilitan la inserción laboral.
- Emprendimiento: creación y desarrollo de un negocio propio.
- Empresas emergentes (*startups*): negocios innovadores en crecimiento con alto potencial.
- Empresas privadas: entidades económicas de propiedad particular con fines de lucro.
- Empresas públicas: organizaciones gestionadas por el Estado para ofrecer bienes o servicios.
- Entrevista de trabajo: proceso de selección donde un candidato presenta sus aptitudes ante un empleador.
- Estatuto de los Trabajadores: ley que regula las relaciones laborales en España.
- Formación Profesional (FP): educación orientada a la capacitación para el empleo.

- Itinerario profesional: plan de desarrollo de carrera basado en competencias y objetivos.

- Mercado laboral: espacio donde confluyen la oferta y demanda de empleo.

- *Networking*: estrategia de contacto profesional para mejorar oportunidades de empleo.

- Nuevos yacimientos de empleo (NYE): sectores emergentes con alta demanda laboral.

- Red EURES: plataforma que facilita la movilidad laboral en la Unión Europea.

- Responsabilidad social empresarial (RSE): prácticas empresariales enfocadas en el bienestar social y ambiental.

- Seguridad Social: sistema de protección para trabajadores que cubre pensiones, salud y desempleo.

- Servicios públicos de empleo (SPE): instituciones que facilitan la inserción laboral.

- Trabajo por cuenta ajena: actividad laboral en la que un trabajador es contratado por una empresa.

- Trabajo precario: empleo con condiciones laborales inestables o de baja calidad.

Bibliografía

- García Nieto, C., *Orientación laboral y promoción de la calidad en la formación profesional para el empleo*, Ediciones Paraninfo, S. A., 2014.

- Climent Rodríguez, J. A.; Navarro Abal, Y., *Orientación laboral; recursos y herramientas para la intervención*, Aula Magna Proyecto Clave McGraw Hill, 2024.

- Vela Zancada, A., *Cómo buscar trabajo con redes sociales (y sin ellas)*, Alcalá Grupo Editorial, 2014.

- Fernández González, M., *Aprende a comunicar tu talento. Storytelling para la búsqueda de empleo*, Grupo Editorial Círculo Rojo S. L., 2022.

- Ministerio de Trabajo y Economía Social, Ministerio de Inclusión, Seguridad Social y Migraciones, *Guía laboral 2023*, Boletín Oficial del Estado, 2023.

- Ministerio de Trabajo y Economía Social, *Estatuto de los Trabajadores*, Boletín Oficial del Estado, 2024.

- Ministerio de la Presidencia, Justicia y Relaciones con las Cortes, *Constitución española*, Boletín Oficial del Estado, actualización febrero de 2024.

- Ministerio de la Presidencia, Justicia y Relaciones con las Cortes, *Ley 3/2023, de 28 de febrero, de Empleo*, Boletín Oficial del Estado, 2023.

- Ministerio de Trabajo y Economía Social, Vicepresidencia Segunda del Gobierno, https://www.mites.gob.es

- Servicio Público de Empleo Estatal, SEPE. https://www.sepe.es